駅弁掛紙の旅

掛紙から読む明治〜昭和の駅と町

泉　和夫
Izumi Kazuo

交通新聞社新書 109

駅弁掛紙の旅――目次

はじめに――「駅弁掛紙の旅」にようこそ

これから皆さまを駅弁掛紙の歴史旅へご案内いたします。掛紙って何？　そう、駅弁の蓋の上にのって紐で縛られているただの紙です。大多数の人は、食べ終わった弁当殻と一緒に捨ててしまう紙です。その紙を駅弁会社の人たちは、「掛紙《かけがみ》」と言ったり「レッテル」「ラベル」「かけ紙《し》」などと言ったりしています。現代のように通信や情報網が発達していなかった時代には、掛紙が広告媒体や名所案内となっていました。また、ご意見を伺う通信票の役割も担っていました。掛紙に記載されている文言やイラスト、写真などをよく見ると、時代や歴史、世相などが見えてきます。本書では、一枚の掛紙から読み取れる情報と駅弁屋さんの沿革をできる限り紹介して、掛紙ミニ図鑑を目指しました。

駅弁は日本独自の食文化

日本で初めて鉄道が開通したのは明治5年（1872年）10月14日、新橋～横浜（現・桜木町）間ですが、初めて駅弁が販売されたのは、というと正式な文献が残っていないため定かでは

初めて販売された駅弁は握り飯（日本鉄道構内営業中央会提供）

ありません。通説では明治18年7月16日、当時私鉄であった日本鉄道株式会社の東北線宇都宮駅において、斉藤嘉平が黒ゴマをまぶした握り飯2個と沢庵を竹の皮で包んだものを5銭で販売したのが始まりと言われています。販売者の斉藤嘉平は、現在の宇都宮市内で「白木屋」という旅館を経営していました。しかし、これより前の明治10年には官設鉄道の梅田駅（現・大阪駅）や神戸駅で既に駅弁が販売されていたとも言われているため、起源の特定は難しいものがあります。それでも明治10年代には駅弁が販売されていたことは明らかなので、少なくとも１３０年以上の歴史を持つ「日本独自の食文化のひとつ」として定着しています。

鉄道網の発達が駅弁を普及させる

それでは、列車の中でなぜ駅弁が食べられるようになったのでしょうか。それには、1世紀以上前の鉄道旅行がどのようなものだったのか知っておく必要があります。現在のように新幹線や特急列車が頻繁に走っていたわけでなく、蒸気機関車がけん引する客車列車が主流でした。鉄道が整備されていくと長距離列車も運転され、一昼夜かけて列車に乗り続けなければならない旅行もあり、必ず列車の中で食事をとる必要性が生まれました。

多くの旅行者は握り飯などを持参して車内で食べていたはずです。長距離列車の乗客は、車内での食事も複数回に及ぶため、必然的に駅売り弁当の需要が生まれ、他路線の接続駅はもちろんのこと、機関車の給水など停車時間がある駅でも弁当の立売りが行なわれるようになりました。「なぜこんな駅で販売していたのか」と思える駅でも、かつては給水駅だったことも執筆していて判明しています。

幕の内弁当の登場で掛紙も

駅弁の創成期は、握り飯に沢庵が添えられ竹の皮に包んで販売されていましたので、掛紙が付いていたのかは疑問です。明治22年、山陽線姫路駅「まねき」から幕の内弁当が販売されると、竹皮に代わって経木の折箱が登場します。経木の蓋の上には、「御辨當」と書かれた紙が載っていたものと思われます。明治期の東海道線堀ノ内駅（現・菊川駅）の掛紙に、「折詰御辨當」と記されたものがあります。あえて「折詰」と明記しているということは、竹皮に包まれた握り飯と区別していたのかもしれません。いずれにせよ、経木折に入った幕の内弁当の登場で「弁当と掛紙」は切っても切れない関係となり、掛紙収集という趣味も生まれたに違いありません。

私の掛紙コレクション

私が小学校低学年の時、親戚一同で那須へ旅行した帰りの昼食に、東北線黒磯駅で駅弁を買いました。私以外、駅の待合室で弁当を食べたのですが、私は列車が動き出すまで待って車内で食べたのを、今でもはっきりと覚えています。プラスチックの容器に入った「うなぎ弁当」でした。この頃はまだ掛紙を集めていなかったため、コレクションにないのは残念です。中学時代、都内百貨店の駅弁大会や旅行などで食べた弁当の掛紙から私のコレクションが始まっています。中学3年の卒業式を終えた春休み、初めてのひとり旅の途中、東海道線の沼津駅で購入した「お好み弁当」が、自分のお金で購入した第1号の掛紙です。

戦前の掛紙との出会いは、都内百貨店の古書市で目にした「今治駅二葉」の「上等御辨當」です。初めは、駅弁の掛紙と分からなかったのですが、調べてみると現在も続いている弁当店ということが分かり、戦火をのがれて今日まで保管されていたことに驚くとともに興味を持ちました。その後、古書店や骨董市、ネットオークションなどで戦前の古い掛紙を見つけては購入してコレクションを増やしているほか、現在でも駅弁を食べる目的で旅行をしています。

台紙を付けて整理しているファイル

駅弁掛紙コレクションの勧め

掛紙の整理には、リヒトラブのクリアファイルを使用しています。台紙が外せて入れ替えることができるほか、台紙も5枚増やして25枚で1冊にしています。掛紙の大きさがまちまちのため、ファイルは、A3、A4、B4の3サイズを用意。初めは、年代順にファイルしていましたが、数が増えたため地域別にまとめています。区分は、北海道、東北、関東、中部などですが、さらに増えたためエリアを細分化、東北を北東北と南東北などとして、調製元単独のファイルも作りました。これで、どこのエリアでどんな弁当が売られていたのか容易に探し出せます。また、一枚ごとに台紙を付け、入手日や販売価格、コメントなどを記入しています。

堀ノ内駅前で旅館を経営していた「迎友館」の掛紙。「折詰御辨當」と表記されている

この掛紙から戦前のコレクションが始まった（今治駅二葉）

最近の弁当は、厚紙製の箱やスリーブが多いため、そのままファイルしたのでは嵩張ってしまいます。厚紙は水に漬けて印刷部分だけ剥がして皺を伸ばしてファイルしています。これにより、ファイルが膨らまず限られたスペースの収納が可能となりました。

ただの一枚の紙なのですが、時代を反映した文字やロゴ、印刷技術などいろいろな情報や思い出を伝えてくれます。趣味を公にすると周りからも紙が集まってきます。食べたら捨てられてしまう掛紙ですが、塵も積もると大切なお宝になります。皆さまも掛紙収集という駅弁の旅はいかがでしょうか。

それでは、一枚の掛紙から始まる駅弁掛紙の歴史旅を始めましょう。

第1章　東海道・山陽・山陰線

三等待合所売店で売られていた精養軒の駅弁

東京ステーションホテル【御辨當】

このお弁当が販売された東京駅は、大正3年（1914年）12月20日、鉄道院東海道線の起点駅として開業しました。それまでは、新橋駅（東京駅開業に伴い汐留《しおどめ》駅に、烏森《からすもり》駅を新橋駅に改称）を起点としていました。

その翌年の11月2日、「東京ステーションホテル」が開業します。56の客室と宴会場を備え、フロントには当時まだ珍しかったエレベーターも設置。辰野金吾が設計した、ヨーロッパスタイルの荘厳な駅舎建築の中にある最先端なホテルとして国内外から数多くの賓客を迎え、川端康成や松本清張などの著名人も宿泊しています。

同ホテルの営業は、「築地精養軒」に委託されていましたが、大正12年9月1日に発生した関東大震災により築地の本店が焼失、その影響などにより昭和8年10月末日をもって委託が解除さ

昭和5〜8年頃

れました。2カ月後の12月27日、鉄道省直営の「東京鉄道ホテル」として営業が再開、昭和20年5月25日の空襲により駅舎の屋根などが焼失したため休館に追い込まれ、終戦を迎えます。

この掛紙には、「東京ステーションホテル（精養軒）」と記されています。このことから、掛紙の年代は、精養軒が同ホテルを委託されていた昭和8年以前であることが分かります。また、30銭の価格から昭和5年以降と考えられるため、昭和5～8年頃に使用されたものと特定しています。

手元にある古い時刻表で東京駅の弁当販売の印を見ると、昭和5年、9年、25年は印がありませんが、昭和31年10月発行のものに印が付いています。

『会員の家業とその沿革』（昭和33年・国鉄構内営業中央会発行）の東京駅株式会社精養軒の項には、「東京ステイションホテル（大正四年より昭和八年鉄道直営となるまで）和洋料理、和洋酒、煙草。三等待合所売店（大正四年より昭和二十年五月戦災焼失まで）駅弁当（立売外）、菓子、果物、パン、サンドウイッチ」とあることから、精養軒はホテル事業撤退後も駅舎焼失まで、待合所売店で弁当を販売していたと思われますが、（立売外）とありますのでホームでの立売りを行なっていなかったため、時刻表には駅弁販売の印が付かなかったと考えています。

しかし、ホテル撤退から駅舎焼失までの13年間は売店で弁当を販売していたと思われますので、調製元の表記がどのようになっているのか、調製印が付いている掛紙を発見したいと思っています。平成28年10月に、昭和19年６月４日東京駅の調製印が付いた日本食堂「五目辨當」30銭の掛紙を発見し、どこで販売されていたのか興味を持つとともに、いかに調製印が資料として重要であるかを痛感しました。この掛紙を入手できなかった事を悔んでいます。

１００周年のメモリアルには発見できなかった掛紙ですが、当時の精養軒の弁当にどんなおかずが入っていたのか、この掛紙を使用した復刻弁当を食べてみたくなりました。

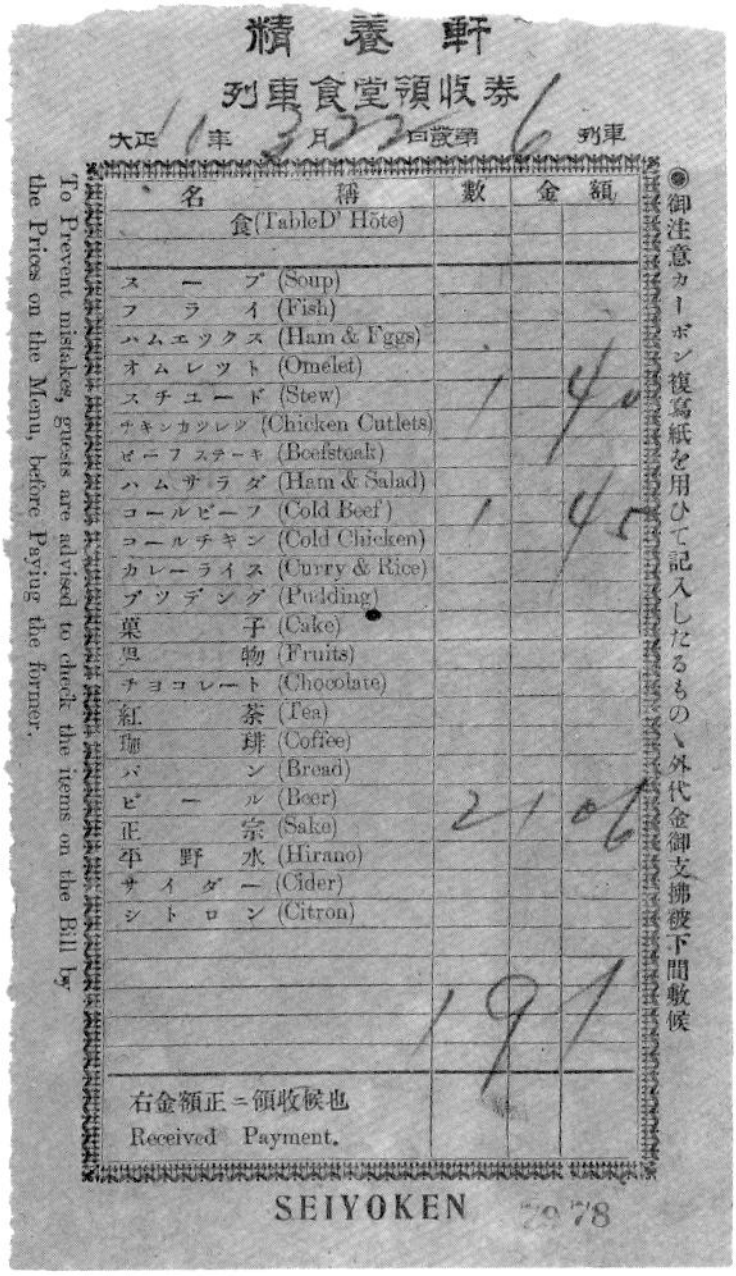
精養軒
列車食堂領收券
大正　年　月　日發第　列車
To Prevent mistakes, guests are advised to check the items on the Bill by the Prices on the Menu, before Paying the former.
◉御注意カーボン複寫紙を用ひて記入したるもの丶外代金御支拂被下間敷候

名　　稱	數	金　額	
食(TableD' Hôte)			
スープ (Soup)			
フライ (Fish)			
ハムエッグス (Ham & Fggs)			
オムレット (Omelet)			
スチユード (Stew)			
チキンカツレツ (Chicken Cutlets)			
ビーフステーキ (Beefsteak)			
ハムサラダ (Ham & Salad)			
コールビーフ (Cold Beef)			
コールチキン (Cold Chicken)			
カレーライス (Curry & Rice)			
プツデング (Pudding)			
菓子 (Cake)			
果物 (Fruits)			
チヨコレート (Chocolate)			
紅茶 (Tea)			
珈琲 (Coffee)			
パン (Bread)			
ビール (Beer)			
正宗 (Sake)			
平野水 (Hirano)			
サイダー (Cider)			
シトロン (Citron)			

右金額正ニ領收候也
Received Payment.
SEIYOKEN

精養軒の領収書。第6列車の列車食堂のもので、大正10年3月22日に発行されている

駅の移転とともに歴史を刻んできた〝シウマイ〟の老舗

崎陽軒【上等御辨當】

このお弁当が販売された横浜駅は、明治5年（1872年）6月12日、我が国初の官営鉄道の駅として、品川駅とともに開業しました。その後、国府津《こうづ》駅方面へのスイッチバック運転を解消するため、大正4年8月15日、2代目横浜駅が新設されたのに伴い、同駅は桜木町駅と改称されました。

この駅では、明治41年、第4代横浜駅長だった久保久行が帝国鉄道庁長官の許可を得て、久行の妻コトの名義で弁当の立売りを開始しました。商号の「崎陽軒《きようけん》」は、久保久行が長崎の出身で、同地の崎（岬）から太陽が見え、「崎陽」または「崎陽道」と呼び習わされていたことから命名されたものです。

2代目横浜駅が開設されると同時に匿名組合が設立され、崎陽軒の久保コト、「水了軒」（大阪

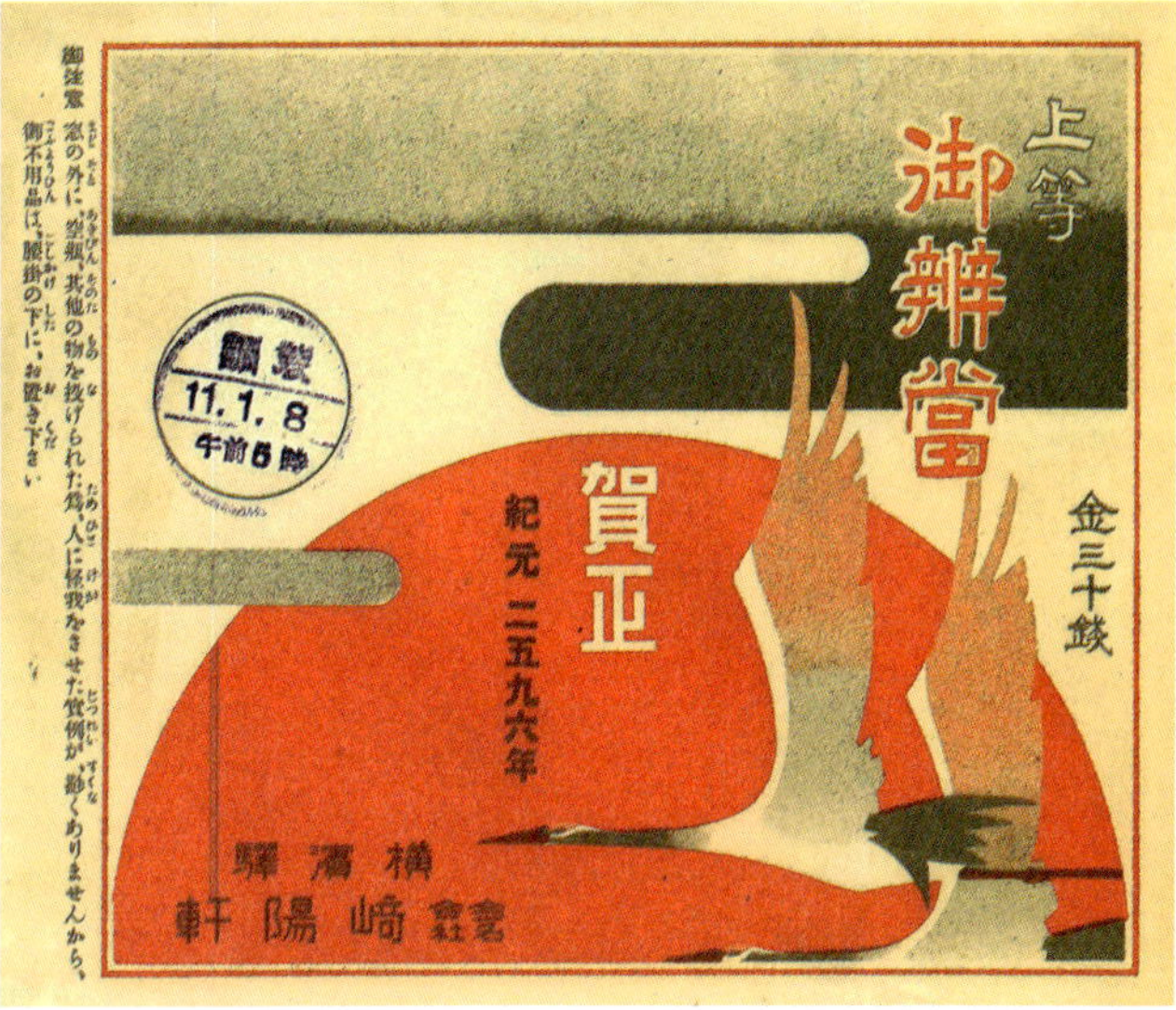
上等
御辨當
金三十錢
賀正
紀元二五九六年
横濱驛
崎陽軒
11.1.8
午前5時
御注意
窓《まど》の外《そと》に、空瓶《あきびん》、其他《そのた》の物《もの》を投《な》げられた爲《ため》、人《ひと》に怪我《けが》をさせた實例《じつれい》が、尠《すくな》くありませんから、
御不用品《ごふようひん》は、腰掛《こしかけ》の下《した》に、お置《お》き下《くだ》さい

昭和11年

2代目横浜駅の京浜線ホームに停車する電車。京浜間の電車運転は、大正3年12月の東京駅開業と同時に始まった。『日本国有鉄道百年写真史』より転載

駅）の松塚孫三郎、「大船軒」（大船駅）の富岡周藏、「東海軒」（静岡駅）の加藤竹次郎、内田清六の５名が組合員となり、営業所が横浜の平沼材木町に設置されました。大正12年５月、匿名組合が解散し合名会社の崎陽軒が設立され、代表社員として野並茂吉が就いた時には、上等弁当が25銭、並弁当が15銭、お茶が４銭だったそうです。

同年９月１日、関東大震災が発生し崎陽軒も焼失。ただちに焼け跡にバラックを建てて営業を再開するとともに、外米の牛丼やカレーライスを販売して旅客の供食に努めました。昭和３年10月に横浜駅が現在の高島町に移転するのに伴い、崎陽軒も平沼の営業所では新駅での構内営業を行なうには支障があるため横浜駅西口に用地を借り受け、調理施設などを新設拡充し合名会社崎陽軒の本拠とし現在の礎となりました。

掛紙は調製印から昭和11年１月８日に販売されています。赤い太陽に「賀正」の文字が白抜きされ、正月限定ということがひと目で分かります。この弁当が販売された当時の横浜駅は、昭和

3年10月、現在の場所に竣工した3代目の駅でした。

昭和3年と言えば、横浜名物となる「シウマイ」が誕生した年でもあります。横浜中華街から広東省生まれの点心職人、呉遇孫をスカウトして「冷めてもおいしいシウマイ」の開発を行ないました。豚肉と干したホタテの貝柱を混ぜ合わせた独自のシウマイを完成させ、12個入り1折50銭で売り出しました。

崎陽軒のシウマイ。昭和7年10月9日の調製印がある

昭和29年4月1日、シウマイを中心とした「シウマイ弁当」が１００円で販売されると、予想以上の売れ行きを示し、たちまち看板商品として定着していきました。現在、シウマイ弁当は1日に3万食を超えるベストセラー弁当となっています。

数年前まで、シウマイ弁当の掛紙が正月限定で「賀正」と赤く印字されていました。それが欲しくて毎年買い求めに出掛けるのも、私の正月三ガ日の行事のひとつでしたが、現在は特別な掛紙ではなくなってしまい残念です。正月限定掛紙の復活に期待しています。

丹那トンネルの開通でいつしか消えた、箱根越えの名物駅弁

中川販売店【鮎寿し】

このお弁当が販売された山北駅は、1889年（明治22年）2月1日、官設鉄道東海道線の国府津～静岡間の開通とともに開業しました。当時は丹那トンネルが開通していなかったため、箱根越えの難所を抱え、同駅に隣接して山北機関区が設置され、数多くの蒸気機関車が在籍し峠越えの基地として最盛期には600人を超える鉄道職員が働いていました。さいたま市の「鉄道博物館」には、大正時代に箱根越えで活躍したマレー型の蒸気機関車9850形9856号機が保存・展示されています。

この駅でいつから弁当が販売されたのか定かでないものの、峠を越えるため機関車の給水や補助機関車の連結で、ほとんどの列車が停車していました。この停車時間を利用して弁当などが販売できるため、駅開業から時を経ずして開始されたものと思われます。

名産
鮎壽し
東海道山北驛
中川販賣店
(定價金三十五錢)
弊店ニ係ル不行届ノ御思召有之候ヘバ郵税先拂ヒニテ御注意被下度候
調製
7.8.6
午前七時

昭和7年

この「中川販売店」の「鮎寿し」は、調製印から昭和7年8月6日に35銭で販売されています。3匹の鮎が清流を泳ぐ姿が描かれていますが、この清流は酒匂《さかわ》川をイメージしたものでしょうか。かつて、鮎寿司は全国各地で販売されていた駅弁で、地元の川で獲れた鮎を使用していることもあり、地域の味として列車で旅をする乗客から大変人気がありました。現在も駅弁として鮎寿司を販売しているところは、和歌山線吉野口駅（奈良県）の「柳屋」と、肥薩《ひさつ》線人吉駅（熊本県）の「人吉駅弁やまぐち」などです。

昭和30年代頃と思われる山北駅のホーム。跨線橋の柱には「鉄道院」の刻印が。発車時刻表には上下各20本程度の列車時刻が記されている

山北駅の「鮎寿し」は、東京駅を出発した特別急行列車の車内で予約購入できたようで、「鮎寿し」の注文を受け付ける案内文が書かれたちらしを確認しています。また、北原白秋の民謡集『日本の笛』（大正11年・アルス刊）に収録されている「山北」の一節に、「早やも山北、チラチラ、燈《あかり》、鮨は鮎鮨、渓《たに》の月。箱根越ゆれば　裾野の夜露、

不二は紫、百合の花」と詠まれており、山北駅で「鮎寿し」を購入した乗客が薄暗い夜汽車の車内でそれをつまみ、月明かりに照らされた車窓の景色をぼんやり眺めている情景が目に浮かんできました。この一節から、山北駅では夜でも弁当の立売りが行なわれていたことも分かります。

　昭和9年12月1日、丹那トンネルの開通により東海道線が熱海駅経由になると、国府津〜御殿場〜沼津間は御殿場線となり、１日１００本を超える列車が往来していた山北駅は、一夜にしてわずか二十数本の列車しか停車しない地方路線の駅となってしまいました。さらに、昭和18年には隣接する機関区が廃止され、戦争の資材供出により複線の線路までもが外されて、昔日の面影は完全に失われてしまいました。

明治時代の「中川」の「御辨當」

　中川販売店（中川）も、御殿場線が東海道線として幹線輸送の一翼を担っていた時代とともに歩み、その役目の終焉とともにいつしか消えてしまいました。

東京オリンピック開催日に販売された記念弁当

松浦商店【御弁当】

このお弁当が販売された名古屋駅は、明治19年（１８８６年）５月１日、名護屋駅として開業、翌年４月25日に現在の名古屋駅に改称されました。

この駅では、開業以来「服部商店」の服部茂三郎が弁当の立売りを行なっていましたが、大正11年10月31日をもって廃業、11月１日から「松浦商店」の松浦弥兵衛が服部商店の業務を引き継ぐ形で営業を開始しました。松浦弥兵衛は、木之免《きのめ》町にあった熱田魚市場（現在の大瀬子《おおせこ》公園）で仲買業を営むとともに、市内大須で料理旅館「八千久」という料亭を経営していました。

当時の名古屋駅は、現在の駅より２００メートル南方の笹島（現在の交差点付近）にありましたが、昭和12年の「名古屋汎太平洋平和博覧会」開催に合わせて北西に２００メートル移動。新駅舎は地上６階・地下１階で当時、東洋一の規模を誇っていました。

昭和39年10月1日
祝東海道新幹線
御弁当
¥150.
1964 TOKYO
SHIN YOKOHAMA
ODAWARA
ATAMI
SHIZUOKA
HAMAMATSU
NAGOYA
GIFU HASHIMA
MAIBARA
KYOTO
SHIN OSAKA
昭和
39年 10月
10日 18

昭和39年

その後、戦争が激しくなると米などの食材調達が困難となり、弁当の製造販売もままならなくなりました。昭和20年3月19日の名古屋大空襲による駅舎の火災とともに、弁当調製所は焼失してしまいましたが、すぐにバラックを建てて弁当の製造を継続し終戦を迎えます。戦後は旅行ブームがおこり駅弁の需要が増して活況を呈していきます。そして、東京オリンピック目前の昭和39年10月1日、「夢の超特急」東海道新幹線の開業を迎えます。

この掛紙は昭和39年10月10日、東京オリンピックが開催された当日に販売されたものです。同月1日に開業した東海道新幹線を祝い『祝　東海道新幹線』と書かれており、「祝」の文字は特色の金を使っています。開業当時の時刻表を見ると、「ひかり」は超特急、「こだま」は特急と表記されているほか、料金も「ひかり」と「こだま」では違っており、東京〜名古屋間で１００円、東京〜新大阪間で２００円、「ひかり」のほうが高く設定されていました。東京駅6時00分に発車した「ひかり1号」は、名古屋駅8時29分、新大阪駅10時00分の到着でした。

さらに、月桂樹の葉と「１９６４ＴＯＫＹＯ」の白抜き文字の上にある古代ギリシャの円盤投げの像も特色を使っています。これは、東海道新幹線開業を祝う記念掛紙であるとともに、10月10日から開催される東京オリンピックも強く意識してデザインしたものと思われます。このお弁当が、開会式当日の販売であることも資料的に価値があります。

0系新幹線電車のイラストとともに東京から新大阪までの停車駅が描かれ、現在より5駅少ない12駅でスタートしたことも分かります。

「夢の超特急」として誕生してから半世紀、30年近く新幹線を見続けていた3代目名古屋駅にはJRセントラルタワーズが併設され、大きく様変わりしました。2027年には、品川～名古屋間にリニア中央新幹線の営業も開始される予定です。旅のスタイルは変わっても日本独自の駅弁という折詰文化は不変であってほしいものです。

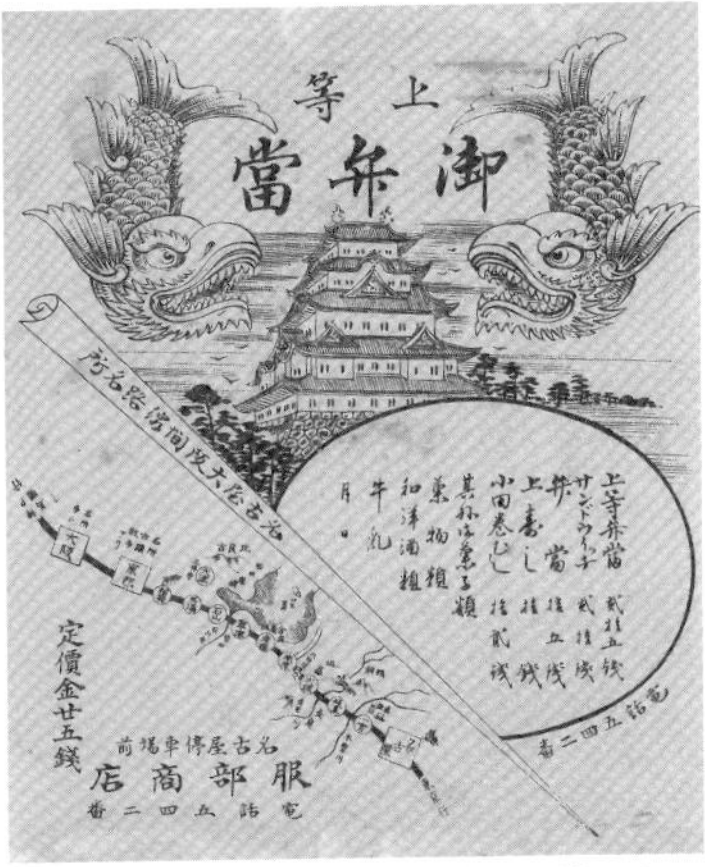

「服部商店」の「上等御弁當」。25銭とあることから明治30年代頃の販売と思われる

昭和32年当時の名古屋駅舎。名古屋大空襲で被災したものの再興され、平成5年まで現役で使用された

岡山名物「祭ずし」のルーツは高級旅館の握り飯

三好野【御辨當】

このお弁当が販売された岡山駅は、明治24年（1891年）3月18日、山陽鉄道の駅として三石《みついし》駅から延伸した、和気《わけ》駅などとともに開業しました。

この駅では開業時、「三好野」が私費で待合所を設置して湯茶の接待を行ない、同年4月25日に倉敷駅まで延伸された際、山陽鉄道の承認を得て弁当の販売を開始しました。当時の弁当は、握り飯に沢庵を添えて竹皮に包むのが標準的なスタイルだったようですが、添え物の沢庵を奈良漬けに変えて販売したところ「さすが、高級料亭三好野じゃ」と評判になったそうです。

掛紙は、明治30年代後半のものです。山陽鉄道が国有化されたのは明治39年12月ですから、おそらく山陽鉄道時代の末期ではないでしょうか。

掛紙に記されている三好野花壇や三好野本店などの「三好野」は、天明元年（1781年）に

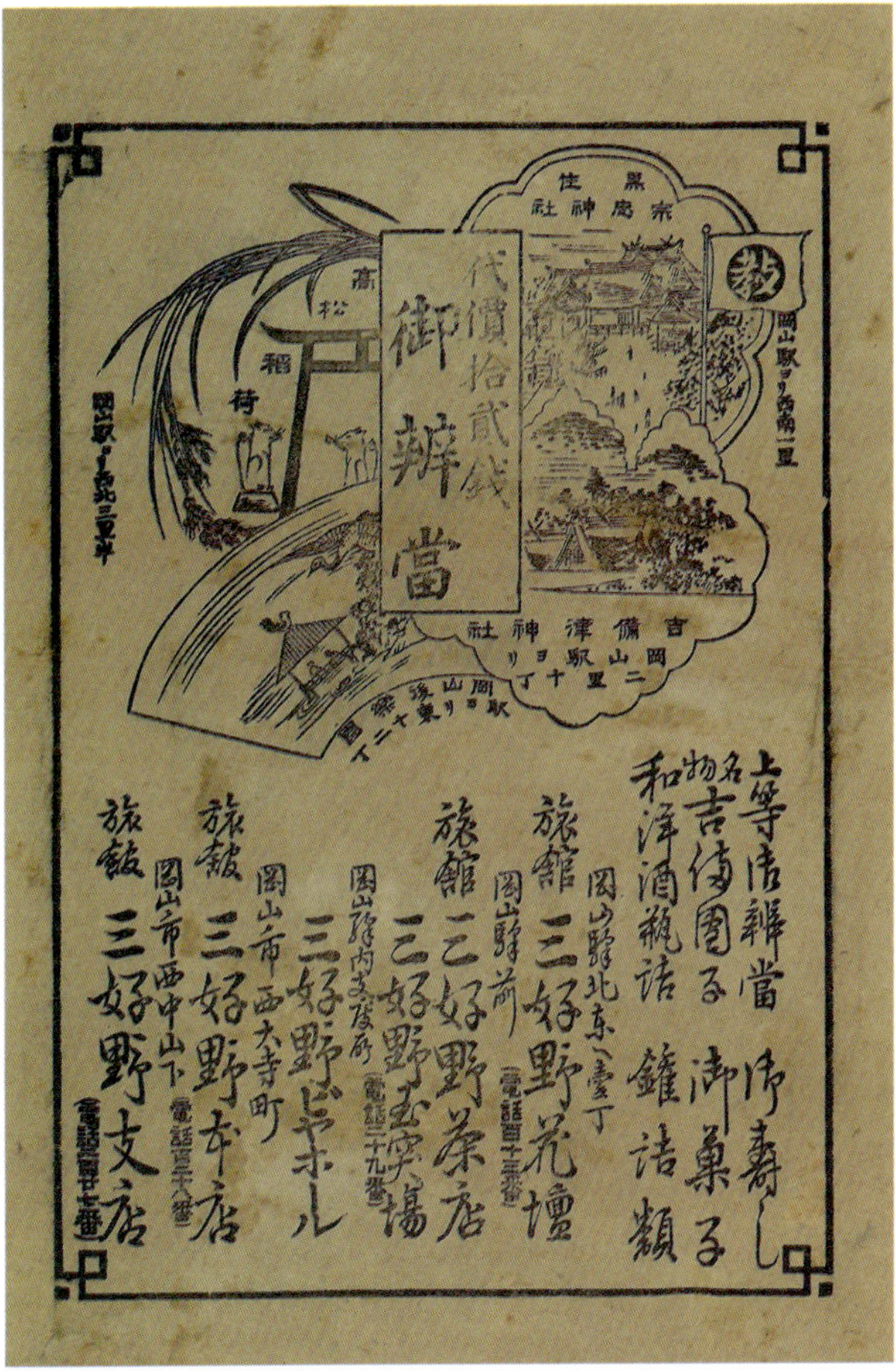
黒住
宗忠神社
岡山駅ヨリ西南一里
高松
稲荷
岡山駅ヨリ西北三里半
代價拾貳錢
御辨當
吉備津神社
岡山駅ヨリ
二里十丁
岡山後楽園
駅ヨリ東十二丁
上等御辨當　御寿し
名物吉備團子　御菓子
和洋酒瓶詰　罐詰類
旅館　三好野花壇
岡山駅北東ヘ壹丁
岡山駅前
（電話百十三番）
旅館　三好野茶店
三好野玉突場
岡山駅内支度所
（電話三十九番）
三好野ビヤホール
岡山市西大寺町
旅館　三好野本店
岡山市西中山下
（電話百三十八番）
旅館　三好野支店
（電話百十七番）

明治30年代後半

昭和41年当時の岡山駅。この駅舎は大正12年竣工の2代目駅舎で、戦禍をのがれて昭和47年3月の山陽新幹線岡山開業時まで現役で使用された

現在の岡山市西大寺で創業した、米問屋の「藤屋」が前身です。天保12年（1841年）、松平家の御用商人となり津山藩の蔵元として苗字帯刀を許されました。明治3年、津山藩が廃藩となったあおりを受け米問屋は廃業、その後、米穀取引所で米の仲買を始め、明治7年に料亭を兼ねた高級旅館「三好野」を、当時交通の要衝だった京橋付近に開業させました。

この旅館に、山陽鉄道の開設準備のために長期宿泊をしていた三井財閥の大番頭、中上川彦次郎からの「異国ではどこの町も鉄道のあるところは繁盛しておる」との勧めにより、岡山駅のやや北寄りに旅館「三好野花壇」を開業させるとともに、当時一面のレンコン畑だった岡山駅一帯の土地取得に尽力しました。これが縁となり、岡山駅でお弁当の販売や食堂などの構内営業を始めることになりました。

掛紙をよく見ると「岡山駅内支度所　三好野ビヤホール」とあります。「支度所」とは、旅立つ前に友人や知人を集めて宴会を催し、盛大に見送りする場所のことです。当時は汽車旅行をすること自体がひと昔前の海外旅行のように大変なことでしたので、駅に隣接したこのような施設が必要だったのでしょう。三好野ビヤホールは、明治35年に岡山県で初めて生ビールのコップ販売を始めたところです。当時はビールの輸送に時間がかかり、貯蔵設備も十分ではなかったため、夏場はすぐに駄目になってしまいました。そのため、もっぱら冬の飲み物だったようです。

山陽新幹線が全線開業して40年以上が過ぎ、駅や旅のスタイルも慌ただしく変化していきました。そのようななか、昭和38年に販売を開始した「祭ずし」は、江戸時代から続く「ばら寿司」を駅弁にしたもので、半世紀以上になるロングセラー駅弁です。昔から変わらずに販売され続けているお弁当を見るとなぜかホッとしてしまいます。

付近の名所と当時の世相がみごとに描かれた掛紙

鶴形家【かしわめし】

このお弁当が販売された倉敷駅は、明治24年（1891年）4月25日、山陽鉄道の駅として岡山駅から延伸した、庭瀬駅とともに開業しました。その後、明治39年12月1日、山陽鉄道の国有化により国有鉄道の駅となりました。山陽鉄道は、先駆的な営業施策を数多く導入したことで知られ、我が国初の急行列車の設定、食堂車や寝台車の連結、鉄道連絡船、鉄道ホテルの経営など旅客サービスに努めていました。

掛紙の「鶴形家」は、昭和5年3月11日、大阪鉄道局長の承認を得て弁当の立売りを始めました。創業者の難波善右衛門は、山陽鉄道時代に入社し鉄道の敷設に大きく貢献した功により、昭和5年に国鉄を退職する際、構内営業が許可されたものです。

「鶴形家」の屋号は、倉敷の市街地中央にある鶴形山に由来するものと思われます。同山は、

かしわめし
國民精神總動員
附近名所
倉敷天文台
大原美術館
酒津遊園地
日間山　櫻の名所
小町姿見の井戸あり
小野小町
祖國愛護
健康増進
帯江觀音　安産に名高し
安養寺　國宝毘沙門天
福山城趾　文部省指定の史蹟
中庄駅ー安養寺ー福山城趾、ハイキングコース
倉敷駅
倉敷駅
鶴形家
定價貳拾五銭

昭和１３年前後

瀬戸内海に浮かぶ島の名残りで、明治2年の神仏分離令までは妙見堂が倉敷村の氏神とされ、妙見山と呼ばれていましたが、明治24年に現在の鶴形山に改名されました。樹齢500年ともいわれる「阿知《あち》の藤」と呼ばれる珍種の「アケボノフジ」があり、岡山県の天然記念物に指定されています。毎年4月下旬から5月上旬にはみごとな花を咲かせるそうです。

掛紙に記された付近の名所に、「日間《ひるま》山　小町姿見の井戸」とあります。悪瘡《あくそう》を病んだ小野小町が、日間山法輪寺の本尊正観音に願を立て、毎日この井戸を鏡として姿を見たと伝えられているところです。そこから『小倉百人一首』にある小野小町の絵札「花の色はうつりにけりないたづらに……」を描いているのは、みごとな演出だと思います。このほか、「帯江《おびえ》観音」は奈良時代の天平年間に創建された古刹の「不洗《あらわず》観音寺」です。20キロのハイキングコースのスタート中庄駅は、大正4年に庭瀬～倉敷間に設けられた帯江信号場で、昭和5年3月11日、駅に昇格しています。「國民精神總動員」や「祖國愛護健康増進」などの標語から、掛紙の年代は昭和13年前後と考えています。

平成28年4月1日から6月30日まで、「晴れの国おかやまデスティネーションキャンペーン（岡山DC）」が開催されました。文具・雑貨用マスキングテープ「mt」の発祥の地といわれている倉敷では、DCに合わせて「大原美術館」をはじめ、街がマスキングテープでデコレーションされたほか、ラッピングトレイン「ｍｔ×ＳＵＮ　ＬＩＮＥＲ」も運行されました。

この文章を書いていて、ふと四十数年前の高校3年の修学旅行を思い出しました。そういえば、大原美術館で買った名画のポスターは誰の作品だったのだろう。機会をつくって、ゆっくり再訪しようと思っています。

鶴形家のかしわめしにはこのような掛紙も

掛紙一面を埋め尽くす販売品リスト

中島改良軒【折詰御弁當（折詰寿し）】

このお弁当が販売された広島駅は、明治27年（1894年）6月10日、山陽鉄道の駅として糸崎駅から延伸して開業しました。明治30年9月25日には徳山駅まで延伸されて途中駅になり、明治39年12月1日の山陽鉄道国有化を経て、明治42年10月12日の線路名称制定によって山陽本線の駅となって現在に至っています。

広島駅が開業した2年後には、「水了軒」が弁当の立売りを始め、それを引き継ぎ「中島改良軒」が明治34年4月に創業しています。戦前は、このほか「羽田別荘」「吉本屋」の計3社が駅弁を販売していましたが、戦時の企業統制によって昭和18年3月、これらの会社が統合合併して「広島駅弁当」が設立されて現在に至っています。

この掛紙は木版1色刷り、今から100年以上前の明治末期から大正初期のものと思われ、当

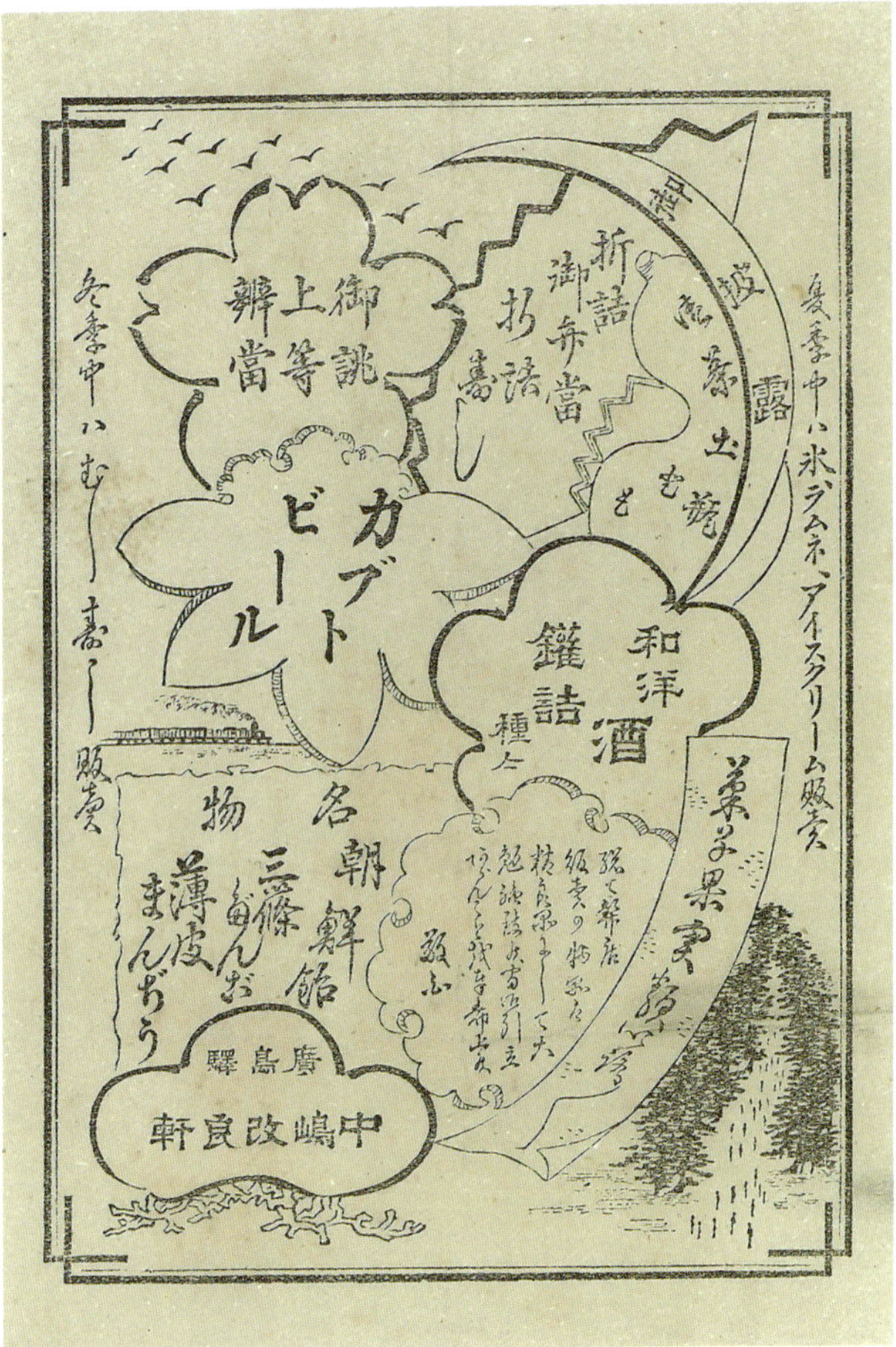
御誂
上等
辨當
折詰
御弁當
露
夏季中ハ氷ラムネ、アイスクリーム販賣
冬季中ハむしずし販賣
カブトビール
和洋酒
罐詰
種々
名物
朝鮮飴
薄皮まんぢう
廣島驛
中嶋改良軒

明治末期～大正初期

大正11年に建設された鉄筋コンクリート造の駅舎は原爆投下で大破したが復旧され、昭和24年には駅舎正面に増築する形で出札室などが設けられた

時の販売品の記載も興味深いものがあります。

「カブトビール」とは聞きなれない銘柄ですが、明治31年から昭和18年まで、現在の愛知県半田市の「丸三ビール」の工場で製造されていたもので、現存する赤レンガの建物が近代産業遺産の認定を受けています。

「冬季中ハむし寿し販売」とあります。「蒸し寿し」は調理用語辞典によると『すし飯に下味を付け、椎茸、穴子などの具を混ぜ、蒸し器で蒸し上げたすし。関西各地で寒い季節に作られる』とありますので、広島駅の寒い日のホームで、寿しを蒸す湯気が冬の風物詩だったかもしれません。

広島駅弁当では、「廣島上等弁当」として明治30年代のお弁当を復刻販売（要予約）しています。昔から駅弁が旅の楽しみのひとつだったと、このお弁当を食べながら確信しました。

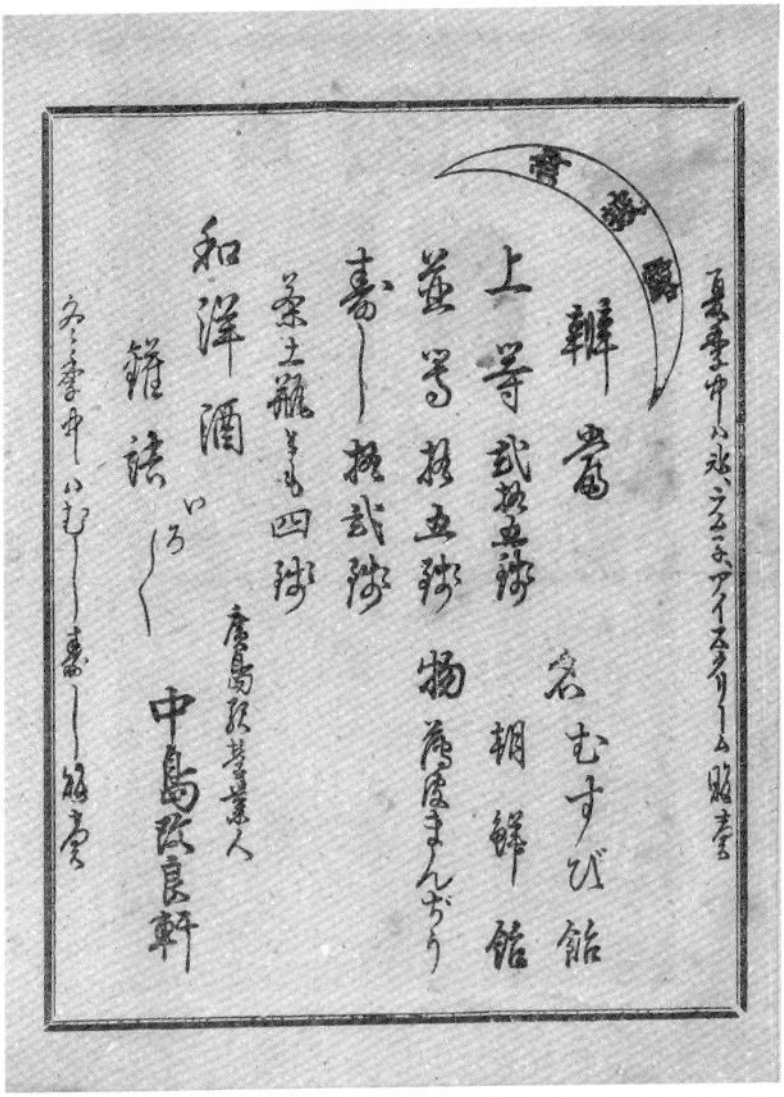

復刻販売されている「廣島上等弁当」のオリジナル掛紙

羽田別荘の「上等御辨當」

12種類のレトロな復刻掛紙が楽しめる〝百年駅弁〟

上野商店【穴子飯・あなごめし】

このお弁当が販売された宮島駅は、明治30年（1897年）9月25日、山陽鉄道の駅として広島駅から徳山駅まで延伸された際に開業しました。同日、広島市内の実業家・早速勝三が宮島への航路を開設し、現在の宮島連絡船へと続いていくことになります。同駅は、昭和17年4月1日、宮島口駅に改称されました。

この駅では、明治34年に創業した「上野商店」が山陽鉄道の承認を得て「あなごめし」の販売を開始し現在に至っています。同店は、明治中期まで初代当主の上野他人吉《たにきち》が宮島で米穀商を営んでいました。その後、宮島口の駅前参道で茶店を始めます。宮島近海では穴子がたくさん獲れたため、昔から地元の料理として「あなごどんぶり」が食べられ、茶店でも旅人に提供していたようです。

調製
穴子飯
金卅五錢
宮島
送迎遠慮當選標語
一等
▲時は金、無駄な送迎よしませう
二等
▲虚禮の送迎、互の迷惑
同
▲虚禮廢止、まづ送迎の遠慮から
三等
▲送迎がなくて、氣樂な旅心
同
▲人の邪魔する、時間をつぶす、無駄な送迎よしませう
同
▲見送り御辭退致します 出迎御遠慮願ひます
門司鐵道局
宮島 上野商店

昭和10年

レトロな掛紙を使用している現在のあなごめし

他人吉は、「あなごどんぶり」の白飯を工夫し、穴子のあらと醤油を加えてご飯を炊き込んだところ、適度な脂とこくが加わり大変評判になりました。そして、経木の折箱にそのご飯と、酒や味醂などで味付けして焼いた穴子をびっしりと敷き詰めた「あなごめし」を駅で立売りしたところたちまち人気となりました。

この「あなごめし」は明治の発売以来、経木の折箱を使用しています。経木は通気性、調湿性にとみ、殺菌効果もある優れもので、穴子とご飯をほどよく調和させ、旨さを引き出してくれます。今は、北海道北見地方の椴《しな》の木の間伐材を使っています。

上野商店の「あなごめし」は、掛紙を収集するものにとって大変うれしいお弁当です。それは、レトロな掛紙がランダムに掛かっていることです。現在の4代目主人・上野純一氏が蔵を整理していたところ、法事で使う湯飲み茶碗を包んでいた紙が過去に使われていた「あなごめし」の掛紙でした。ひとつひとつ広げてみると、15銭で販売した明治の頃から大正時代の30銭、昭和の景気が悪くなって25銭に値下げしたもの、戦時色が濃くなって戦時標語が入ったものなど多種ありました。

昭和60年、数ある掛紙のなかから6種選んで復刻印刷。「あなごめし」に掛けて販売したところ、昔から変わらぬ経木の折箱と相まってレトロ感満載のお弁当となり好評を博しました。ほどなく6種類の掛紙を追加して、現在は12種類のレトロな掛紙が掛かっています。何度か宮島の本店を訪れ「あなごめし」を購入していますが、今度はどんな掛紙なのか、お弁当の中身とともに楽しみのひとつとなっています。

本店の看板

レトロな掛紙が掛けられるのも、世紀を超えて味や形を伝え続けられている〝百年駅弁〟だからこそできる業だと思っています。ここでご紹介した掛紙と同時代のものも当然復刻されています。

大陸への玄関口の名物駅弁は今も広島で健在

浜吉【上等御辨當】

このお弁当が販売された下関駅は、明治34年（1901年）5月27日、山陽鉄道の駅として小《お》月《づき》駅、一ノ宮駅（現・新下関駅）などとともに馬関《ばかん》駅として開業しました。馬関とは下関の古称で、赤間関《あかまがせき》を赤馬関とも書いたところに由来していますが、赤間関市が下関市となった明治35年6月1日、駅名も同時に改称しています。

下関といえば、日本で初めて鉄道会社が経営するホテルが建てられたところです。山陽鉄道が明治35年12月、旧下関駅の駅前に木造2階建ての「山陽ホテル」を建設。火災により大正11年7月に焼失しましたが、大正13年4月、鉄筋コンクリート造り地上3階、地下1階のモダンなデザインのホテルを再建し、大陸へ渡る皇族や政府高官が宿泊したほか、ヘレン・ケラーなど多くの著名人も宿泊しました。昭和17年の関門トンネルの開通に伴う下関駅の移転や、空襲による損傷

昭和7年

などでホテルの営業は終了しました。建物は、国鉄からJR西日本が引き継ぎ管理していましたが、老朽化により平成23年3月に解体されました。

　この駅では、「下関駅弁当」株式会社が平成22年3月まで駅弁を調製していましたが、同年7月、「徳山駅弁当」株式会社とともに「小郡《おごおり》駅弁当」株式会社に吸収合併されました。下関駅弁当は昭和16年、広島鉄道局により「浜吉」と「高良屋」の2社が統合し、発足したものです。両社の創業は定かではないものの、「浜吉」は駅前で旅館を経営していました。明治38年に山陽汽船が下関と釜山を結ぶ関釜航路を開設していることから、明治30年代には駅弁も販売されたと思われます。

　掛紙には、下関の観光名所のひとつ、赤間宮が描かれています。この宮は、壇ノ浦の戦いで幼

高良屋「たい飯」掛紙。昭和8年2月26日調製とある

くして亡くなった安徳天皇を祭っており、昭和15年、官幣大社に列格されています。掛紙には「官幣中社」と記載されていますので、それ以前のものということが分かります。

掛紙の下に「昭和五年六月二十六日下関要塞司令部許可済」とあります。明治32年７月に公布された要塞地帯法により、東京湾や広島湾、下関を含む関門海峡などは、機密保護のため写真や地図などを公表する際に、要塞司令部の認証が必要でした。大船駅の大船軒サンドイッチの掛紙にも「東京湾要塞司令部許可済」と記載されているものがあります。

下関駅弁当の名物駅弁のひとつに「ふく寿司」がありました。会社が吸収された際、レシピは小郡駅弁当に引き継がれましたが、それも平成27年４月30日に駅弁事業から撤退し絶えてしまったと思っていました。ところが翌年、広島駅を訪れた際に「ふく寿司」を見つけ懐かしく思い購入したところ、「広島駅弁当」にレシピが引き継がれたとのこと。駅弁文化継承のためにも、失われる名物駅弁を引き継いでいくことは大切なことだと思っています。

掛紙の路線図から推理する鉄道の歴史旅

木島支店【御辨當】

このお弁当が販売された鳥取駅は、明治40年（1907年）4月28日、官設鉄道の駅として青《あお》谷《や》駅から延伸した、浜村駅、宝木《ほうぎ》駅、湖山《こやま》駅とともに千代《せんだい》川の左岸に仮開業しました。翌年4月5日、千代川橋梁の架設に伴って現在の地に本開業しました。

この駅では、創業が定かでないものの「木島支店」が弁当の販売を行なっていましたが、戦局が悪化してきた昭和18年頃に廃業しました。このため、鉄道利用客に不便が生じ旅客サービスの上でも放置できないことから、現在の「アベ鳥取堂」の創業者・阿部正行が構内営業の申請を行ない、同年10月1日、大阪鉄道局長の承認を得て弁当の立売りが復活しました。

掛紙は、黄色地に名所案内と線路図が描かれています。それでは、この線路図を手掛かりに掛紙がいつ頃のものだったのか年代を特定していきます。交通新聞社発行の『JR時刻表』さくいん

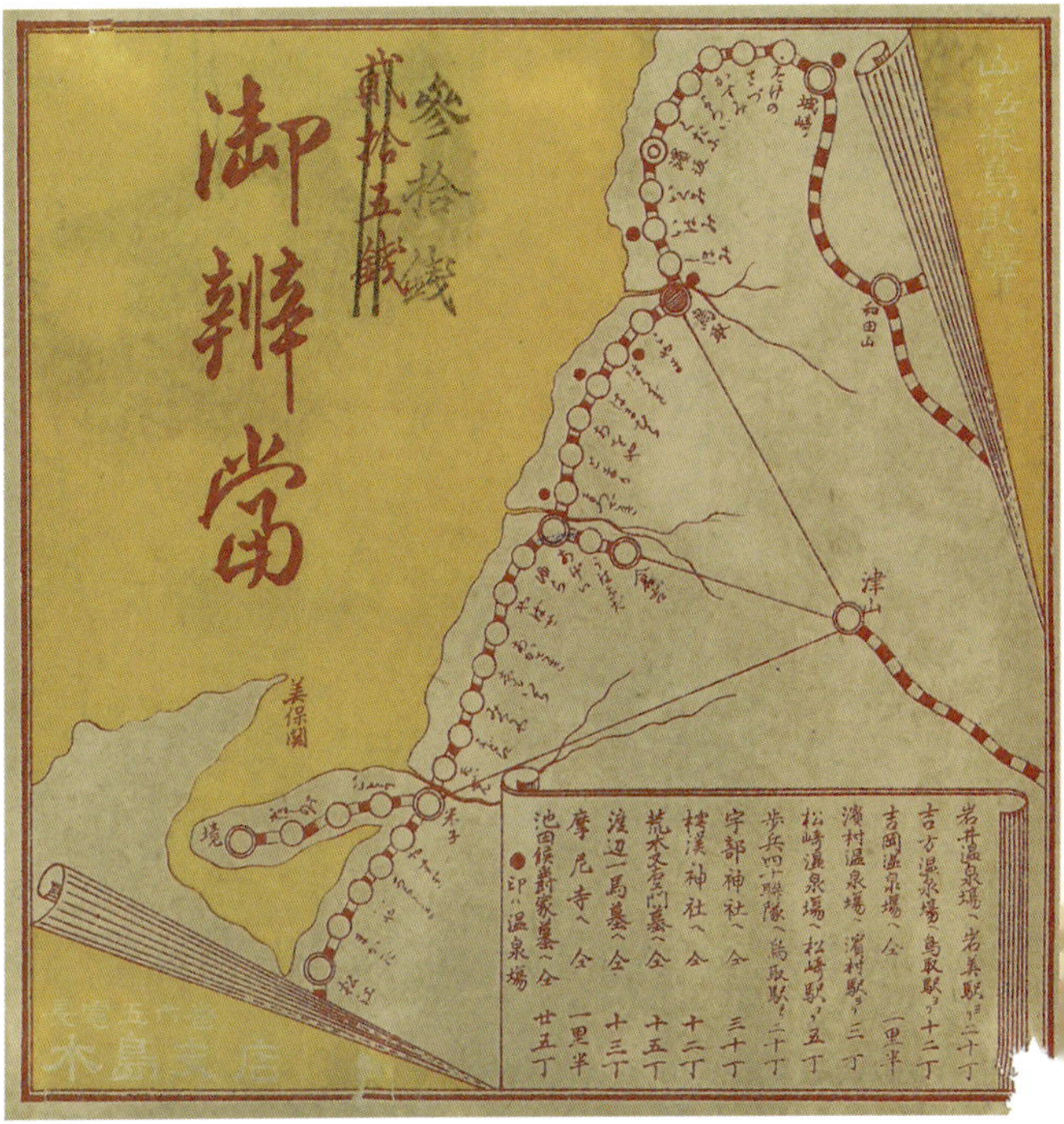
御辨當
参拾銭
貳拾五銭
美保関
境
津山
和田山
城崎
岩井温泉場へ岩美駅ヨリ二十丁
吉方温泉場へ鳥取駅ヨリ十二丁
吉岡温泉場へ仝　一里半
濱村温泉場へ濱村駅ヨリ三丁
松崎温泉場へ松崎駅ヨリ五丁
歩兵四十聯隊へ鳥取駅ヨリ二十丁
宇部神社へ仝　三十丁
樗渓神社へ仝　十二丁
荒木又右衛門墓へ仝　十五丁
渡辺数馬墓へ仝　十三丁
摩尼寺へ仝　一里半
池田侯爵家墓へ仝　廿五丁
●印ハ温泉場

大正初期

地図と見比べると、まず目につくのは津山駅周辺の姫新《きしん》線と因美《いんび》線がありません。掛紙の図の津山駅は現在の津山口駅で、明治31年12月21日に開業しました。駅名の改称は、大正12年8月1日です。また、現在の津山駅が開業したのは大正12年8月21日で、姫新線の津山〜美作《みまさか》追分間の開通と同じです。

因美線は、鳥取〜津山間の全通が昭和7年7月1日ですが、因美軽便線として鳥取〜用瀬《もちがせ》間が大正8年12月20日に開通しています。その後、昭和3年3月15日、因美南線として津山〜美作加茂間が開通、同時に鳥取〜用瀬間が因美北線と改称されました。そして昭和7年、智頭《ちず》〜美作河合間の開通により因美線が全通しました。この路線図には因美線を示す線路がありませんので、少なくとも大正8年12月よりも前のものと特定できます。

三保関と書かれている下の線路は境線です。終点の境駅は、現在の境港駅で大正8年7月1日に改称されました。また、同線の後藤〜大篠津（現・米子空港）間の○印は、大正6年7月1日に開業した弓ヶ浜駅と思われますが、駅名が記載されていないのは気になります。米子駅の隣にある大山《だいせん》駅は、熊党《くまんと》駅として明治35年12月1日開業し、明治44年10月1日大山駅に改称、現在の伯耆《ほうき》大山駅となったのは大正6年5月1日です。由良〜上井《あげい》（現・倉吉）間にある下北条駅の記載がないことを見逃していました。同駅は大正4年3月10日開業しています。

木島支店の「上等御辨當」。30銭で昭和7年1月4日調製のもの

掛紙の中央に記載されている上井駅から倉吉駅まで延びている線は、明治45年6月1日に開業した倉吉軽便線（後の倉吉線。昭和60年3月31日限りで廃止）で、4カ月後の大正元年10月1日に開業した上灘《うわなだ》駅も記載されています。これらから、掛紙が印刷されたのは大正元年から下北条駅が開業する大正4年の間と考えていますが、大正6年に開業した弓ヶ浜駅の印が気になっています。

1枚の掛紙から鉄道の歴史旅ができるのも掛紙収集の楽しみのひとつです。

コラム①｜関釜連絡船に乗って釜山へ

大陸への長い旅路に思いを馳せて

朝鮮総督府鉄道釜山駅「岡本旅館」の「御辨當」

ここでは本書の「本線」からいったん離れて、下関から関釜連絡船に乗って大陸へと渡ってみましょう。このお弁当が販売された釜山駅は、明治41年（1908年）4月1日、仮停車場として開業すると同時に、釜山停車場本屋の工事も着手、明治43年10月に竣工しました。

設計は東京駅などを手掛けた辰野金吾によるもので、赤煉瓦造り天然スレート葺き2階建ての1階は駅、2階がホテルと当時の朝鮮総督府鉄道建築物中最大のものでしたが、昭和28年11月の大火により駅舎が焼失しました。

調製印がない掛紙は年代の特定が難しいものも多数ありますが、線路図が記されていると特定は比較的に容易になります。この掛紙には「朝鮮鉄道路線略図」が記載されていますので、それを手掛かりに特定していきます。天安と長湖院を結んでいる安城線の全通は昭和2年9月15日で、同時に開設された長湖院駅も記載されています。鳥致院から清安（現・曽坪駅）までの忠北線が開業したのは大正12年5月1日ですが、5年後の昭和3年12月25日に開業した清安から忠州までの路線が記載されていないため、昭和2年から3年頃の掛紙ということになります。

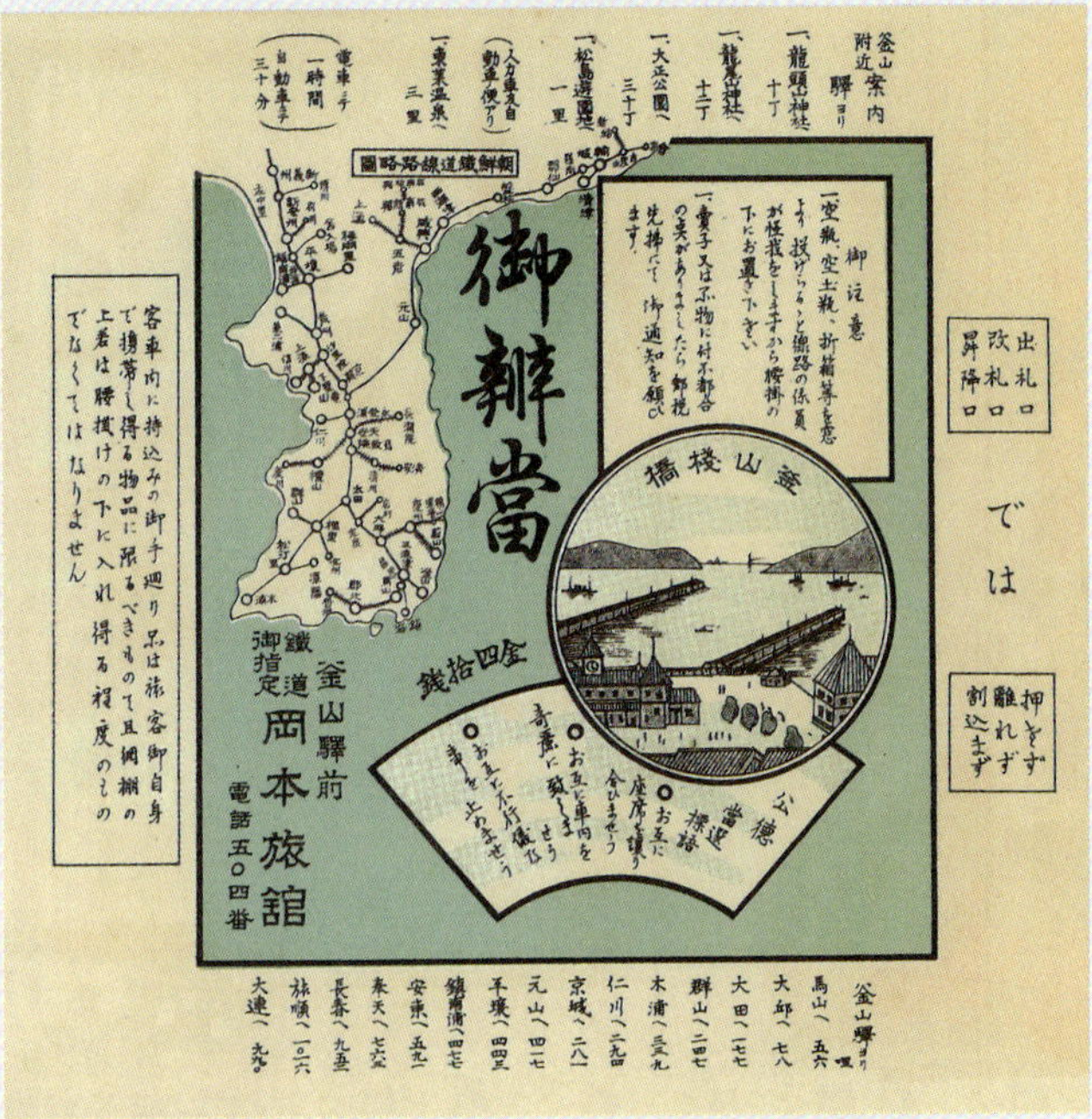
御辨當
金四拾錢
鐵道御指定
釜山驛前
岡本旅館
電話五〇四番
朝鮮鐵道線路略圖
釜山附近案内 驛ヨリ
一、龍頭山神社へ 十丁
一、龍尾山神社へ 十二丁
一、大正公園へ 三十丁
一、松島遊園地へ 一里
一、東萊温泉へ 三里
（人力車及自動車ノ便アリ）
（電車ニテ一時間 自動車ニテ三十分）
御注意
一、空瓶、空土瓶、折箱等を窓より投げらると線路の係員が怪我をしますから腰掛の下にお置き下さい
一、賣子又は品物に付不都合の点がありましたら御遠慮なく御通知を願ひます
客車内に持込みの御手廻り品は旅客御自身で携帯し得る物品に限るべきもので且網棚の上若は腰掛けの下に入れ得る程度のものでなくてはなりません
釜山棧橋
公徳 當選標語
○お互に座席を譲り合ひませう
○お互に車内を奇麗に致しませう
○お互に不行儀な事を止めませう
出札口 改札口 昇降口 では 押さず 離れず 割込まず
釜山驛ヨリ 哩
馬山へ 五六
大邱へ 七八
群山へ 二四七
仁川へ 二九四
京城へ 二八一
元山へ 四一七
平壌へ 四四三
安東へ 五九一
旅順へ 一〇一六

昭和２～３年

大正11年に就航した関釜連絡船の「徳寿丸」。『日本国有鉄道百年写真史』より転載

掛紙には「釜山桟橋」が描かれていますので、桟橋を入出港する「関釜連絡船」について手元にある昭和5年10月号の時刻表をひろげて見ました。当時の連絡船は昼行と夜行便の1日2往復。下関を10時30分に出航した関釜連絡船1便は、釜山に18時30分、到着します。航行距離は240キロ、所要時間8時間の船旅です。夜行便は22時30分に出航する7便で翌朝8時、釜山に到着します。釜山桟橋には列車が乗り入れており、連絡船を降りた乗客は数十歩で乗り換えることができたそうです。

1便に接続しているのは、桟橋駅20時発の京城（現在のソウル）行き第3列車です。7便は奉天（現在の瀋陽）行き急行第7列車です。昭和9年の時刻表では、昼行便の接続が新京（現在の長春）行き急行「ひかり」、夜行便には奉天行き急行「のぞみ」と愛称が付いており、欧亜の連絡列車としての役割を担っていました。この時期に「のぞみ」と「ひかり」が走っていたのには驚きました。

さいたま市の「鉄道博物館」には、戦前の一時期発売されていた東京からドイツの伯林《べるりん》まで、釜山・哈爾濱《はるぴん》経由の切符が収蔵されているそうです。長距離航空網が未発達の時代、連絡船を介して日本と欧州が鉄路で結ばれていたなんてロマンを駆り立てられます。東京駅の窓口で「伯林まで1枚」と発券を依頼して、どのくらいで手元に届くのか興味のあるところです。

第2章

房総・中央・信越線

のどかな海岸風景と上空を舞う複葉機

北条食堂【上等御辨當】

このお弁当が販売された安房北条駅《あわほうじょう》は、大正8年（1919年）5月24日、北条線の駅として那古船形《なこふなかた》駅から延伸開業しました。現在の館山駅に改称されたのは、昭和21年3月1日です。

その後、北条線は大正14年7月11日に安房鴨川駅まで開業。昭和4年4月15日、房総線が上総《かずさ》興津《おきつ》駅から安房鴨川駅まで延伸され、房総半島を一周する鉄道が全通すると、北条線は房総線に編入されました。

さらに昭和8年4月1日、東京湾側の蘇我《そが》〜木更津〜安房鴨川間を房総西線と改称。昭和47年7月15日には内房線と線路名称を再度変更し、現在に至っています。

掛紙の「北条食堂」は、前業者が廃業したため大正15年4月、東京鉄道局長の承認を得て弁当の立売りを開始しました。

上等
御辨当
金三十銭
安房北條驛
北條食堂
電話百六十番
名所其他案内
安房神社
布良白濱海岸
館山飛行場 三粁
海水浴場 六〇〇米
渚の家 五〇〇米

昭和13年

昭和55年当時の館山駅。白浜方面に向かう国鉄バスが並ぶ。駅舎は平成11年3月、現在の橋上駅舎になった

掛紙は調製印から昭和13年4月27日に販売されたことが分かります。同年4月1日、国家総動員法が公布され5月5日に施行されています。この法律は「日中戦争に際し、人的および物的資源を統制し運用する広汎な権限を政府に与えた委任立法」（広辞苑）とあり、これを契機に戦時体制が一層強化されていくことになりました。

それに反して、掛紙の図柄は、砂浜に松、海には帆掛け舟が浮かび、網を背負った漁師らしき人が浜を歩いているという、のどかな海岸の風景です。

岬の上に複葉機が飛んでいますが、名所案内に記されている「館山飛行場三粁（3キロ）」から飛び立ったものでしょうか。「館山飛行場」は、昭和5年に旧海軍が建設したもので、現在の海上自衛隊館山航空基地です。

館山は温暖な気候と海と花に恵まれた地。駅名が改称されてから70年以上が過ぎ、電化開業して特急「さざなみ号」が走り始めてからも半世紀近くになりますが、今では館山駅まで来る定期列車の特急は一本もなく、駅弁の販売もありません。観光資源を最大に活用して、昔日の姿を取り戻してほしいと思っています。

大正12年頃の北条食堂「上等御辨當」

130年の歴史を映すターミナル駅の弁当

ますや【御辨當】

このお弁当が販売された新宿駅は、日本鉄道の赤羽駅から官設鉄道の品川駅を結ぶ路線の駅として、明治18年（1885年）3月1日、渋谷駅などとともに開業しました。

この駅では「ますや」（萬壽家）後の「田中屋」が明治30年頃、日本鉄道株式会社の許可を得て駅弁の販売を開始したようですが、戦災により資料が焼失してしまったため詳細は不明です。

当時の新宿駅前には「休み茶屋」が5軒あり、「ますや」はその中でいちばん大きな店として営業していました。このため、日本鉄道の社員や駅員がここを休憩所や会議所、食堂として利用していたほか、下宿するものもおり、鉄道とのつながりが深かったようです。

新宿駅では、明治22年の甲武鉄道（現・中央線）の開通などで利用客が増え、構内営業の必要性が生じました。その際、日本鉄道社員の推薦により弁当の販売などを行なうようになったのが

御注意　空折空壜等は腰掛の下へ御置き下さい
御辨當
販賣品又は従業員につき御心付の点がありましたら鐵道係員に御申出で下さい
金貳拾銭
新宿驛構内
ますや
電話四谷(35)〇四九六
時刻を合せになるなら車掌の時計に
東京鐵道局

大正末〜昭和初期

昭和32年当時の新宿駅1番線ホーム。キハ25形の準急「房総号」が発車を待っている

「ますや」で、昭和初期に「田中屋」に社名を変更しています。

掛紙も、大正末から昭和初期のものと思われ「時刻を御合せになるなら車掌の時計に」とあるように、当時から鉄道ダイヤの正確さがうかがい知れます。

戦後になり、昭和32年頃に販売された「とりめし」は、安価でおいしかったことからコンビニなどなかった時代にサラリーマンの昼食としても大変人気がありました。

私が小学生の頃、父が新宿駅で駅弁を買ってきてくれたのを覚えています。当時、松本方面へ行く列車ホームには中間改札があり、「駅弁を購入するのにも入場券を買わなければ入れない」と話していた記憶があります。どのような弁当を食べたのか覚えがなく、掛紙も保管していないのは残念です。

平成27年に開業１３０年を迎えた新宿駅ですが、翌年には新南口に新しいビルが完成したほか、東西の自由通路の工事も進められ、日本一のターミナル駅として発展し続けています。この駅がどのように変わっていくのか大変興味深いものがあります。

昭和初期の田中屋（たなか）の「上等御辨當」

先見の明で富士見駅から移転

丸政【御弁当】

このお弁当が販売された小淵沢駅は、明治37年（１９０４年）12月21日、官設鉄道中央線の駅として韮崎《にらさき》駅から富士見駅まで延伸された際、日野春《ひのはる》駅とともに開業しました。

この駅では、「丸政」が昭和４年６月から菓子や雑貨などの立売りを行ない、昭和13年頃から「助六寿司」、昭和19年３月には「御弁当」（幕の内弁当）の販売を開始しています。この掛紙は、ちょうどその時期のものと思われます。

それまで丸政は、大正７年４月から富士見駅で、名古屋鉄道局長の承認を得て酒や煙草、雑貨などの立売りを行なっていました。当時この駅は機関車の給水所だったため、上下の列車が５分間停車しており、立売りをするのに好都合でした。

ところが、給水が廃止されて停車時間が30秒から１分程に短縮されると営業不振に陥り、さら

昭和１９年

に昭和4年4月28日に発生した富士見駅前の大火によって24戸が焼失した中に丸政も含まれていました。駅で立売りをする以前の丸政は、駅前で炭や瀬戸物などを販売していたそうです。

後に鉄道大臣などを歴任する地元国会議員・小川平吉の別荘が現在の富士見町内にあった関係から丸政初代の名取政一と親交が生まれ、小海線（当時は小海南線）が小淵沢駅から分岐することを政一が知ることになります。

戦前の「スズラン餅」

将来性を小淵沢駅に求めた政一は店舗の移転を決意し、富士見駅での営業を廃して小淵沢駅での構内立売り営業の申請を行ない現在に至っています。

丸政は平成26年7月、かつて製造販売していた「すずらん餅」を復刻したのに続いて、富士見駅の「蕎麦饅頭」も9月28日一日限りで復刻。さらに翌年4月、日野春駅の「神代餅」も復刻し、かつてのステーションスイーツを次々と蘇らせ話題となりました。

このような取り組みにエールを送るとともに、かつて山梨県内で駅弁を販売していた「桂川館」や「甲陽軒」の人気弁当の復刻も秘かに願っています。

昭和30年当時の小淵沢駅小海線ホームにおける「丸政」の立売り風景。立売りの岡持ちには「助六寿司」のほかに「すずらん餅50円」などと値段が記されている

リニア新幹線の開業で駅弁復活なるか

梅信亭【御壽司】

このお弁当が販売された中津川駅は、明治35年（1902年）12月21日、官設鉄道の中津駅として開業、明治42年10月の線路名称決定により中央西線の所属となりました。明治44年5月には、東京と名古屋の双方から延びてきた線路が宮ノ越駅で接続し、名古屋〜宮ノ越間の中央西線は中央本線に編入。そして明治44年6月1日、中津駅は現在の中津川駅に改称されました。

この駅では、「梅信亭」が駅開業の翌年11月、鉄道作業局長官の承認を得て弁当の販売を開始し、現在の「梅信亭安藤商店」に至っています。

梅信亭は、中央線を敷設するため工事の準備と作業に関係する鉄道官吏が宿泊した旅館で、構内営業の必要性を官吏から慫慂され弁当の販売を開始しました。開業当時は始発および終着駅だったため旅客も少なく経営は厳しかったようですが、やがて線路が延長され弁当の販売も軌道

賀正
御壽司
金貳拾錢
御注意　空瓶空箱などを車窓外に投げ棄てることは危險ですから御遠慮下さい
本品に付きお氣付きの点が有りましたら裏面に御認めの上鉄道係員にお渡し下さい
調製 11 1 8 午後2時
ナゴヤ 丹羽印刷所印行
中津川駅 梅信亭 電話一六二番

昭和11年

平成6年当時の中津川駅。現在は中津川駅で運転系統が分かれ、名古屋～中津川間には30分間隔で快速列車が運転されている

に乗りました。

この掛紙は、調製印から昭和11年1月6日に販売されたことが分かります。このように正月に販売される弁当には、正月に因んだ絵柄を特別に掛けて販売したものを多数みかけます。同じ図柄の掛紙が名古屋駅の「松浦商店」でも使われています。

現在は駅弁販売から撤退している安藤商店ですが、平成23年4月まで販売していた「栗おこわ弁当」は、もちっとした栗おこわに素朴ながら独特の味わいを感じさせるものでした。

栗といえば、中津川駅前に「栗きんとん発祥の地」の石碑があります。この地方の名物である栗きんとんは、栗に砂糖を加え炊き上げて布で絞った上品な和菓子で、お節料理で食べる、栗を濃厚な餡で和えたものとは違います。

２０２７年には、中央リニア新幹線の駅や車両基地が中津川市に設置される予定です。交通の要衝として古来から栄えてきた中津川の今後を静かに注目しています。

梅信亭の「上等御辨當」。大正13年4月16日調製。路線図にある大井駅は現在の恵那駅

妻の機転で開業した老舗の駅弁屋

荻野屋【御寿し】

このお弁当が販売された横川駅は、明治18年（1885年）10月15日、高崎駅から官設鉄道信越線が延伸した終点の駅として開業しました。

この駅では、「荻野屋」が工部省所管鉄道局長の承認を得て駅開業時から弁当の販売を開始しました。当時の弁当は、握り飯2個に沢庵を竹皮に包んだもので、販売価格は5銭でした。

『荻野屋創業百年記念誌』（昭和60年11月刊）から沿革をみると、横川よりさらに山深く入った霧積《きりづみ》川の源流近くにある温泉沢《ゆのさわ》温泉で旅館「荻野屋」を経営していたとあります。高見澤政吉・とも夫婦の時代に、後に総理大臣となる桂太郎がこの宿に投宿していたところ、信越線の開業をともに漏らしました。ともは、横川駅での弁当販売の尽力を即座に願い出たそうです。

桂太郎のお墨付を貰っていた「荻野屋」は、次の仙吉・チト夫婦の時代になっていましたが、

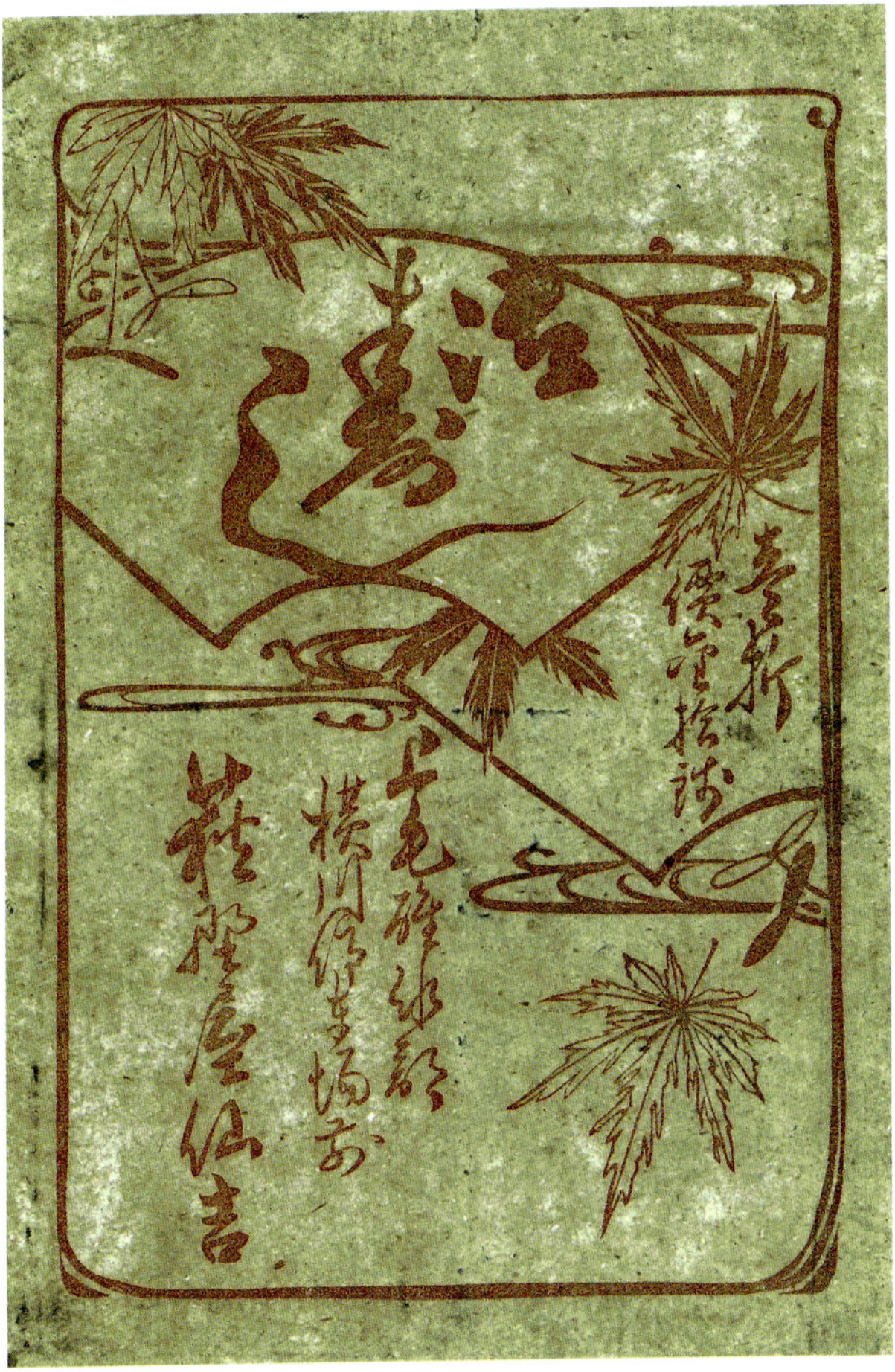

明治30年代後半

昭和44年当時の横川駅。EF63形電気機関車を後ろに連結した181系電車の特急「あさま号」が発車する。その手前には横川機関区が見える

温泉沢温泉を下りて横川駅で駅弁屋を始め現在に至っています。

横川駅が開業した当時、軽井沢駅までは鉄道馬車に乗り換え碓氷《うすい》峠を越えなければなりませんでしたが、明治26年4月に碓氷線が開通して、鉄道馬車は廃止されました。

碓氷線が開通したといっても最急勾配が66・7パーミルある碓氷峠越えは困難を極め、横川駅は補助機関車の連結や解放のため、すべての列車が必ず停車しました。この停車時間が弁当の販売に有利に作用していきます。

掛紙は明治30年代後半のものと思われます。上野駅方面から来た乗客は、ホームへ降りて弁当を買い求めたり煤で汚れた顔を洗ったりしていました。母も私のおしめを洗ったようですが、

横川～軽井沢間にあった熊ノ平駅で販売されていた「力もち」

これは昭和30年代初めの話です。

これと同じく、荻野屋の名物駅弁となる「峠の釜めし」が昭和33年2月1日に発売されました。

その「峠の釜めし」が平成30年に60年の還暦を迎えます。発売を開始した当時は、１２０円で小さな四角い箱に入った「香の物」にも掛紙が付いていました。また、土釜を利用したご飯の炊き方のしおりも入っていました。発売を開始した記念日のイベントに期待しています。

信越線は、母の実家へ向かう際に毎夏乗る思い出深い路線です。横川駅のホームで荻野屋の従業員が一列に並んで走り去る列車に頭を下げる光景が、今でも脳裏に焼き付いています。

開業当時は10軒の旅館が駅弁を販売

夏目商店【御弁當】

このお弁当が販売された長野駅は、官設鉄道の駅として明治21年（1888年）5月1日、関山駅から延伸した、田口（現・妙高高原）駅・柏原（現・黒姫）駅・牟礼《むれ》駅・豊野《とよの》駅とともに開業しました。

駅開業当時、鉄道を利用する旅客の利便を図るため、駅前で旅館を営んでいた10軒程の業者が合議によって、1週間目ごと、10日目ごと、15日目ごと、さらに1カ月目ごとと相互に交替しながら弁当の販売を行なっていました。

ところが売上げが僅かだったため販売を取り止める業者が相次ぎ、残ったのは新聞や雑貨の立売りをしていた成島多吉と、弁当の立売りをしていた夏目くめ（夏目商店）、中島孝助（中島弁当店）の3者でした。

明治30年代後半～
明治40年代

昭和33年当時の長野駅。この仏閣型駅舎は昭和11年3月に完成し、平成6年1月の駅舎改築工事開始までの長い間、県都の表玄関として親しまれてきた

昭和7年、成島は鉄道退職者に営業を譲渡し、さらに昭和13年7月、「鉄道弘済会」に移譲されました。また、夏目くめは昭和8年に死去したため夏目商店も廃業しましたが、これも鉄道弘済会に引き継がれました。

こうして長野駅の構内営業は、「中島弁当店」と鉄道弘済会の2者となり戦後を迎えます。その後、中島弁当店は昭和36年3月、「ナカジマ会館」と改称し業務を続けていましたが、平成19年１月、駅弁事業から撤退し１２０年近く続いたかまどの火を落としました。

この夏目商店の掛紙は木版印刷で、赤地の紙に善光寺や戸隠《とがくし》神社などの名所が描かれています。興味深いのは扇形の品書きで、当時どのようなものが販売されていたのかが分かります。御茶４銭、

中島弁当店の「御弁当」。昭和10年5月23日調製とある

御弁当15銭、御寿し10銭などの値段から、明治30年代後半から40年代に使用されたものと推定しています。

平成27年3月、北陸新幹線の金沢延伸開業と同時にグランドオープンした駅ビル「MIDORI長野」に、ナカジマ会館のそば店が出店しています。かつての老舗駅弁店の懐かしい駅そばが復活したということは、名物駅弁だった「きじ焼き丼」も復活してほしいと密かに期待しています。

僅か十数年間だけ販売された幻の駅弁

八木嘉平治【上等御辨當】

このお弁当が販売された大河津《おおこうづ》駅は、大正2年（1913年）4月20日、越後鉄道の出雲崎《いずもさき》〜地蔵堂間が開通した際、寺泊《てらどまり》駅として開業しました。2年後、長岡鉄道が与板駅から同駅を経由して寺泊駅まで開通するのに伴って大正4年10月1日、駅名を大河津と改称しました。

越後鉄道は昭和2年10月1日に国有化され越後線となりました。長岡鉄道は会社合併により越後交通長岡線と改称されましたが、昭和48年、大河津〜寺泊（元・寺泊新道）間の廃止に続いて、昭和50年、大河津〜越後関原間の廃止とともに、越後関原〜西長岡間の旅客営業も廃止されて越後交通長岡線全線の旅客営業が全廃されました。一方、国鉄越後線の大河津駅は昭和61年11月1日、再び寺泊駅と改称され現在に至っています。

この駅でいつから弁当が販売されたのか定かでありませんが、昭和5年10月号の時刻表に弁当

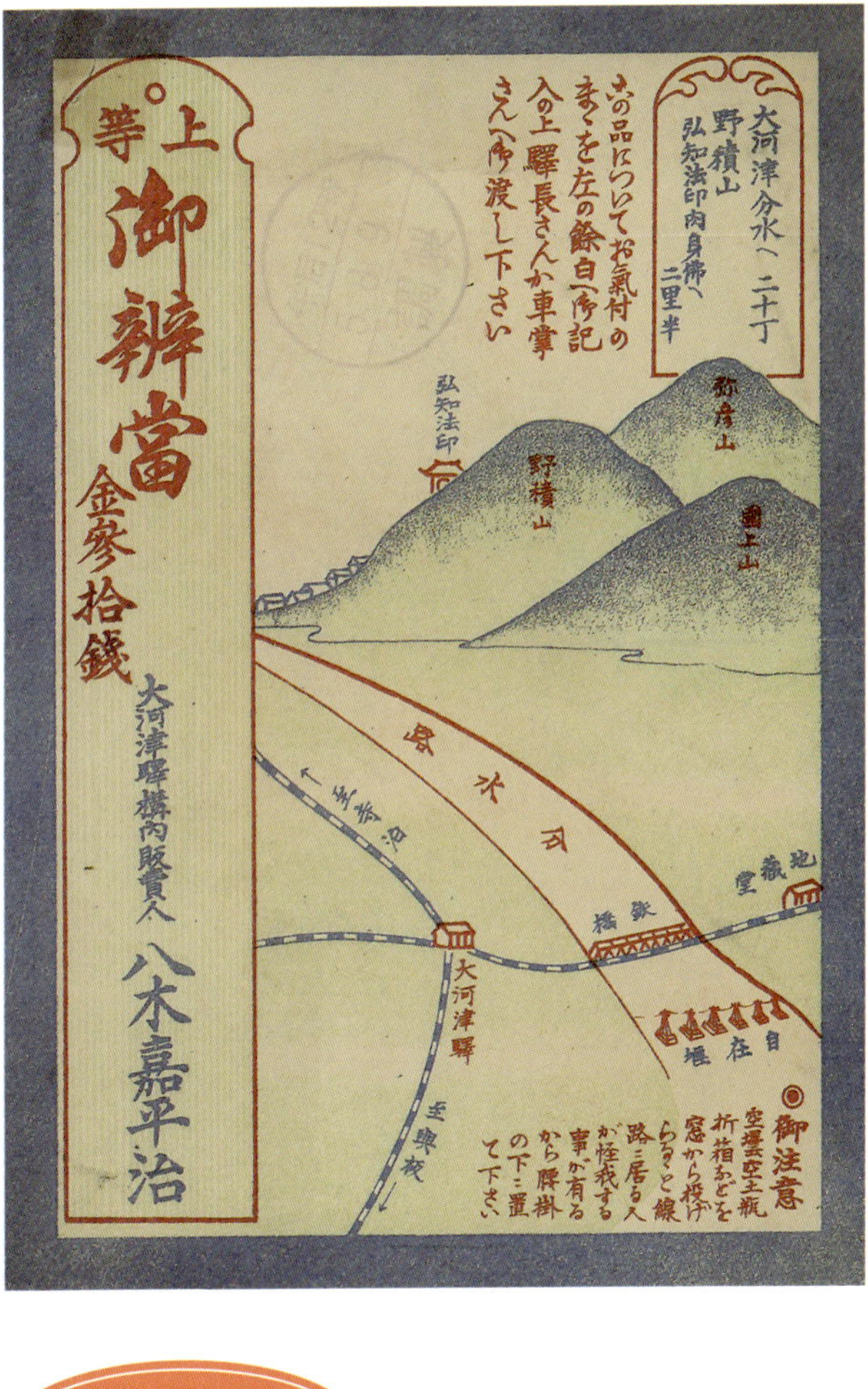
上等
御辨當
金参拾錢
大河津驛構内販賣人
八木嘉平治
大河津分水へ 二十丁
野積山
弘知法印肉身佛へ 二里半
此の品についてお氣付の事を左の餘白へ御記入の上驛長さんか車掌さんへ御渡し下さい
弘知法印
野積山
弥彦山
國上山
分水路
至寺泊
鉄橋
地蔵堂
大河津驛
自在堰
至與板
◎御注意
空壜空土瓶折箱などを窓から投げらるゝと線路ニ居る人が怪我する事が有るから腰掛の下ニ置て下さい

昭和5年

販売の印があるものの、大正15年4月号にはなく、昭和15年9月号にもありませんので、弁当の販売期間は十数年の短い間だったと思われます。

81ページの掛紙は、調製印から昭和5年8月9日に販売されたことが分かりますが、駅構内販売人の八木嘉平治に関しては詳しいことが分かりません。

掛紙の中央に描かれている「分水路」は、信濃川の増水した水が越後平野に入る前に一部を海に流す水路で、大正11年8月25日に通水を開始した大河津分水のことです。その分水路を渡る鉄橋は越後線の信濃川分水橋梁、地蔵堂駅は昭和58年4月、分水駅に改称されました。

一方83ページの掛紙は、大正中期のものと思われる「藤田旅館大河津駅構内売店」の掛紙で、昭和40年代に建て替えられる前のクラシックな建物の画像が印刷されています。藤田旅館は、現在の寺泊海岸温泉「ふぢたや」で、室町時代に創業した老舗旅館です。

江戸時代は北前船の寄港地として発展し、鉄道の開通により乗換え駅として賑いをみせた寺泊。掛紙から2軒の駅弁屋が存在した事実がそれを物語っています。

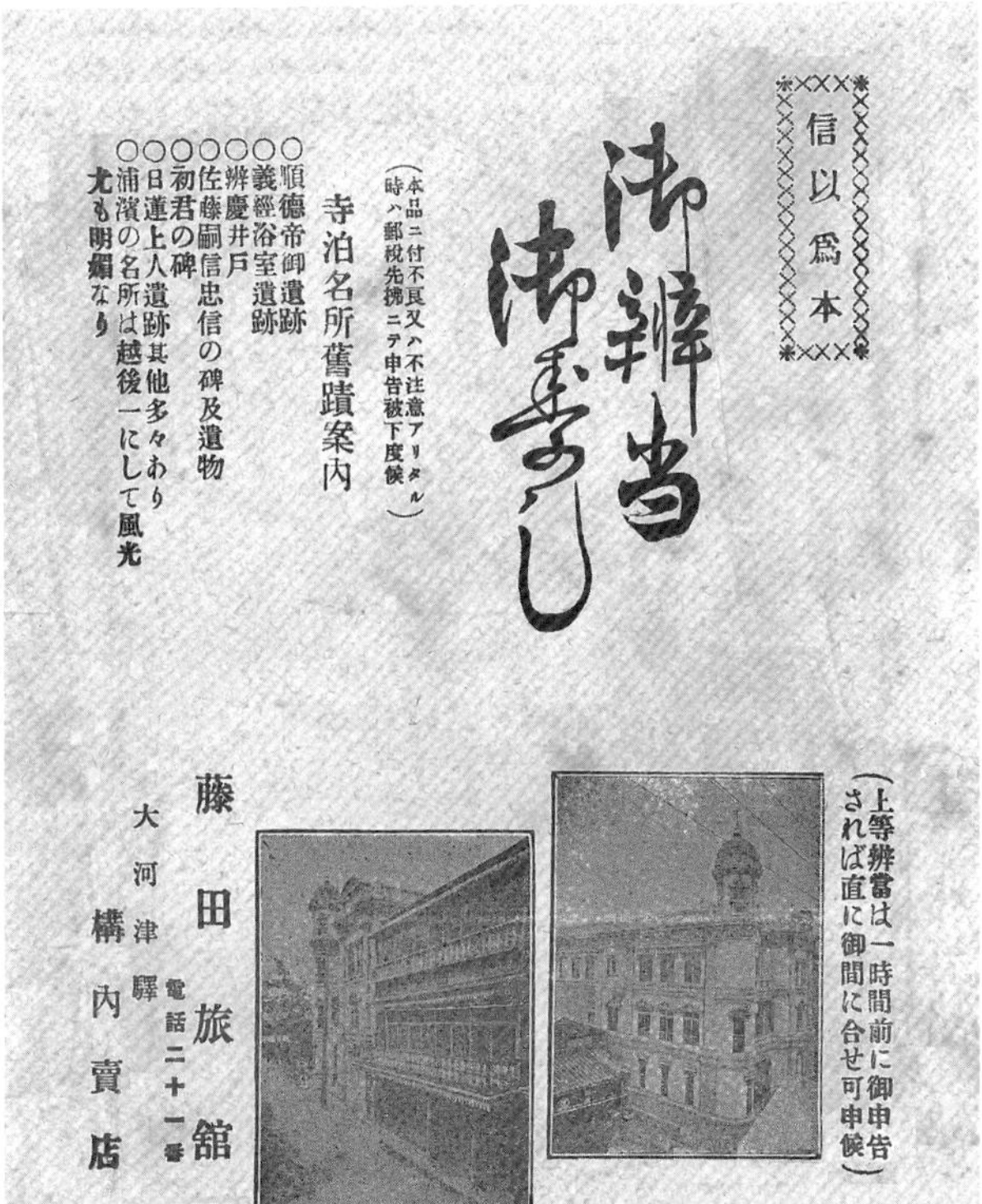

大正中期のものと思われる藤田旅館大河津駅構内売店の駅弁掛紙

第3章

北陸・高山・紀勢線

鉄道輸送の変化による2度の移転を経て

大黒屋【御辨當】

このお弁当が販売された今庄駅は、明治29年（1896年）7月15日、官設鉄道の北陸線敦賀～福井間の駅として開業しました。

この駅では、「大黒屋」が駅開業と同時に鉄道局長官の承認を得て弁当の販売を開始しました。これは前年8月、北陸線の1期工事が敦賀～富山間で起工された際、用地の寄付や買収、資材調達などで工事の促進に甚大な功労があったことにより許可されたものでした。

大黒屋は現在、加賀温泉駅で弁当の製造販売を行なっている「高野商店」ですが、元々は北陸道の要衝であった今庄宿で代々旅館業を営んでいました。そして北陸線建設の際には、鉄道工事の事務所に充てられ、技師や監督官が多数宿泊しており、今庄駅建設の際には、自家の土地を寄付したそうです。

昭和33年当時の今庄駅。北陸トンネルが開通する以前は今庄駅に機関区があって、上り列車には補助機関車が連結されていた

掛紙には、米原駅から森田駅までの路線図が記されていますが、20駅中現在ない駅が中ノ郷～柳ケ瀬～刀根《とね》～疋田《ひきだ》と新保《しんぼ》～杉津《すいつ》～大桐と7駅もあります。

　これらの区間は、勾配が急なためトンネルやスイッチバックが多数あったところで、増大する輸送需要に対応するため勾配の緩和や北陸トンネルの建設で新線に切り替わり廃止となった区間です。中ノ郷～疋田間の4駅は、木ノ本～敦賀間が新線に切り替わった昭和32年10月から柳ケ瀬支線となっており、新保～大桐間の3駅は、昭和37年3月の北陸トンネル開通に伴って、6月10日で廃止となっています。掛紙は、大正5年11月1日開業の新保駅が記載されていることと、価格から大正初期のものと思われます。

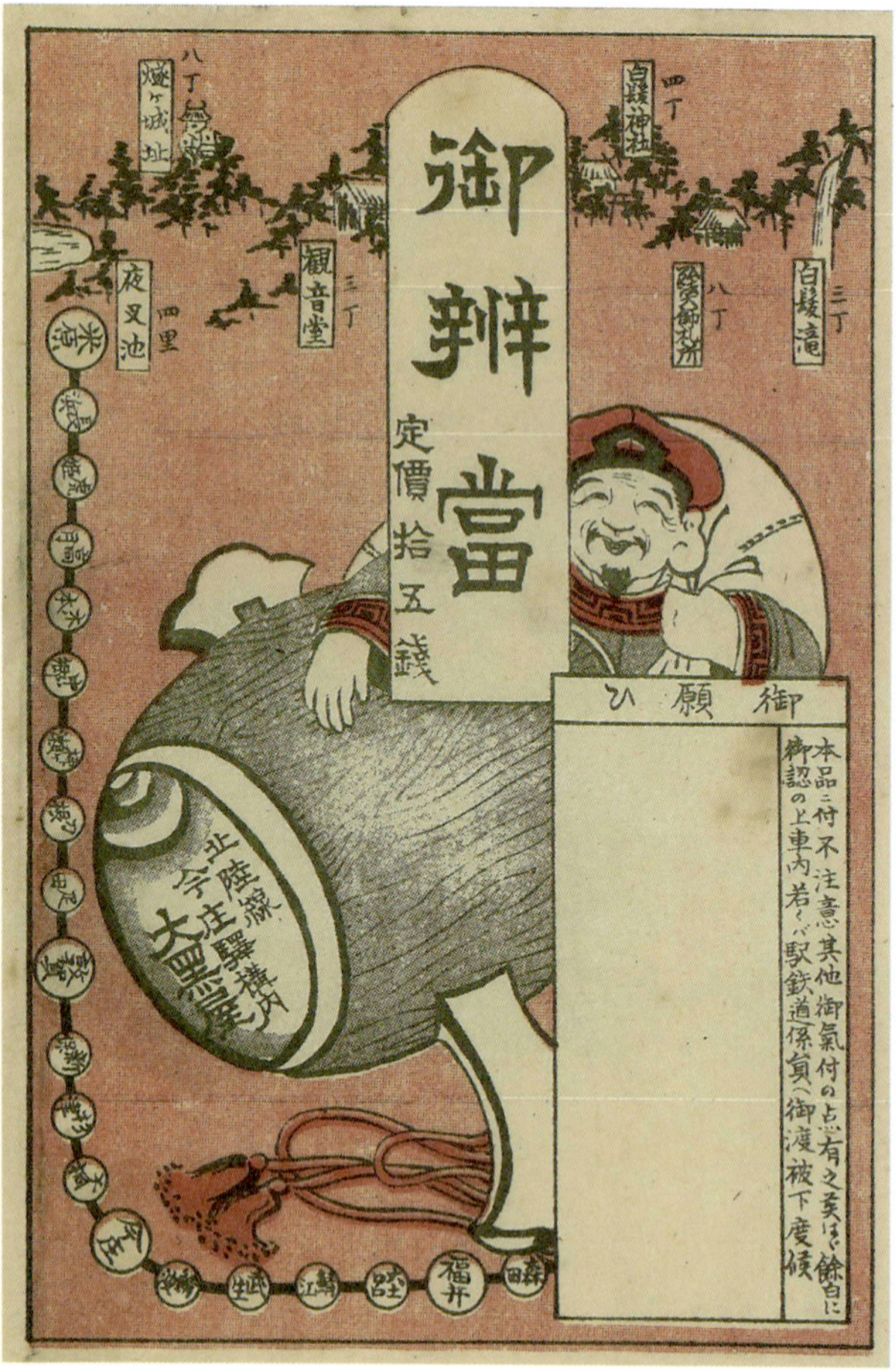
御辨當
定價拾五錢
燧ヶ城址
八丁
白鬚神社
四丁
観音堂
三丁
夜叉池
四里
白鬚滝
三丁
八丁
北陸線
今庄驛構内
大黒屋
御願ひ
本品ニ付不注意其他御氣付の点ハ有之候ハゞ餘白に御認の上車内若くハ駅鉄道係員へ御渡被下度候
福井

大正初期

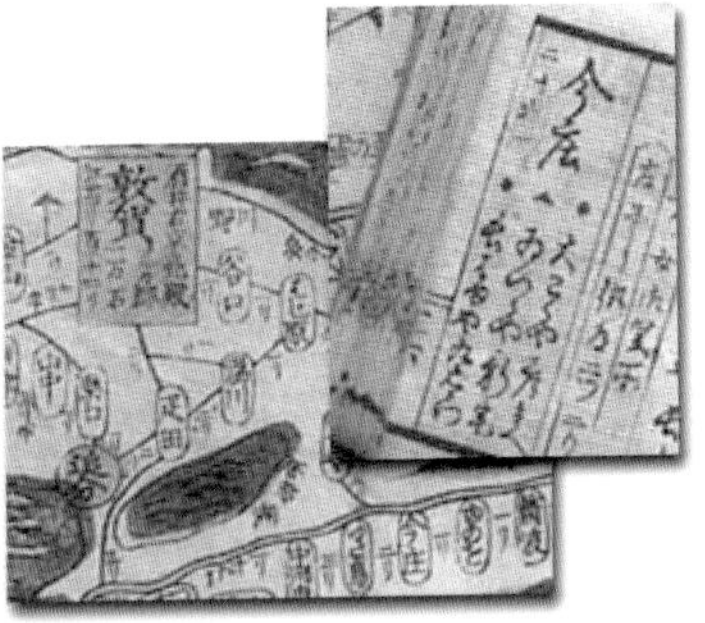

『道中細身定宿帳』に「大黒屋（だいこくや）」の名前が記されている。福井県南条郡今庄町にて大黒屋の屋号で代々旅籠を営んでいた

今庄駅も、北陸トンネルが開通した昭和37年3月を境に、列車の停車時分が激減したため、そこで弁当を販売していた高野商店も大聖寺《だいしょうじ》駅に移転、さらに昭和45年10月、作見駅から名称変更した加賀温泉駅へと販売の拠点を変えていきました。これは、特急停車駅が加賀温泉駅に移ったためです。

鉄道輸送の変化に対応し2度も移転した駅弁屋さんが、現在でも連綿と弁当を作り続けていることにエールを送るとともに、今庄の地で昭和30年代に販売されていた「鮎寿司」の復刻をひそかに願っています。

加賀百万石の味を伝える老舗料亭の駅弁

大友楼【御辨當】

　このお弁当が販売された金沢駅は、官設鉄道北陸線の駅として明治31年（1898年）4月1日、小松駅から延伸された美川《みかわ》駅・松任《まっとう》駅とともに開業した当時の終着駅です。

　この駅では、「大友楼」が鉄道作業局運輸部長の承認を得て駅開業の日に弁当の販売を開始しています。大友楼は、天保元年（1830年）に創業した加賀藩の御膳所で料理方を務めた老舗料亭で、現在も金沢駅での駅弁販売のほか、市内尾山町で本格的な加賀料理を供する料亭の営業を続けています。

　当時の地元の風習では、人前で食事をすることが品位に欠ける行ないと解されていたことから、列車の中では食事を慎む傾向があったそうです。このため、弁当の販売を開始した当初は一日数十個しか売れず営業は厳しい状況が続きました。

昭和32年当時の金沢駅。昭和27年に完成した3代目駅舎で、平成2年に旅客駅が高架化されて駅舎設備が高架下に移転後も、JR西日本金沢支社として使用されていたが、同支社が移転した平成11年に解体工事が始まった

掛紙は、調製印から大正13年3月20日に35銭で販売されています。もともと印刷されていた価格は40銭なので5銭値下げされています。これは、第一次世界大戦による好景気の後、大戦が終了した反動による不況で価格を下げざるを得なくなったためです。

名所案内を見て、おやっと思った方は鉄道通です。山代・山中・片山津の各温泉が動橋《いぶりはし》駅からとなっています。現在は加賀温泉駅からのアクセスですが、これは、特急停車駅が大聖寺・動橋の両駅から加賀温泉駅に集約されてからのことです。

金沢駅では、大友楼とともに明治31年4月1日から構内営業を開始し、現在は「Ｒｉｎｔｏ」で「加賀白山そば」を経営している株式会社「油谷《あぶらたに》」があります。先代の油谷伊兵衛は、明治初期に金沢市鍛冶町で材木問屋と建築業を営み、加賀鳶《とび》（義勇消防）の組頭を長

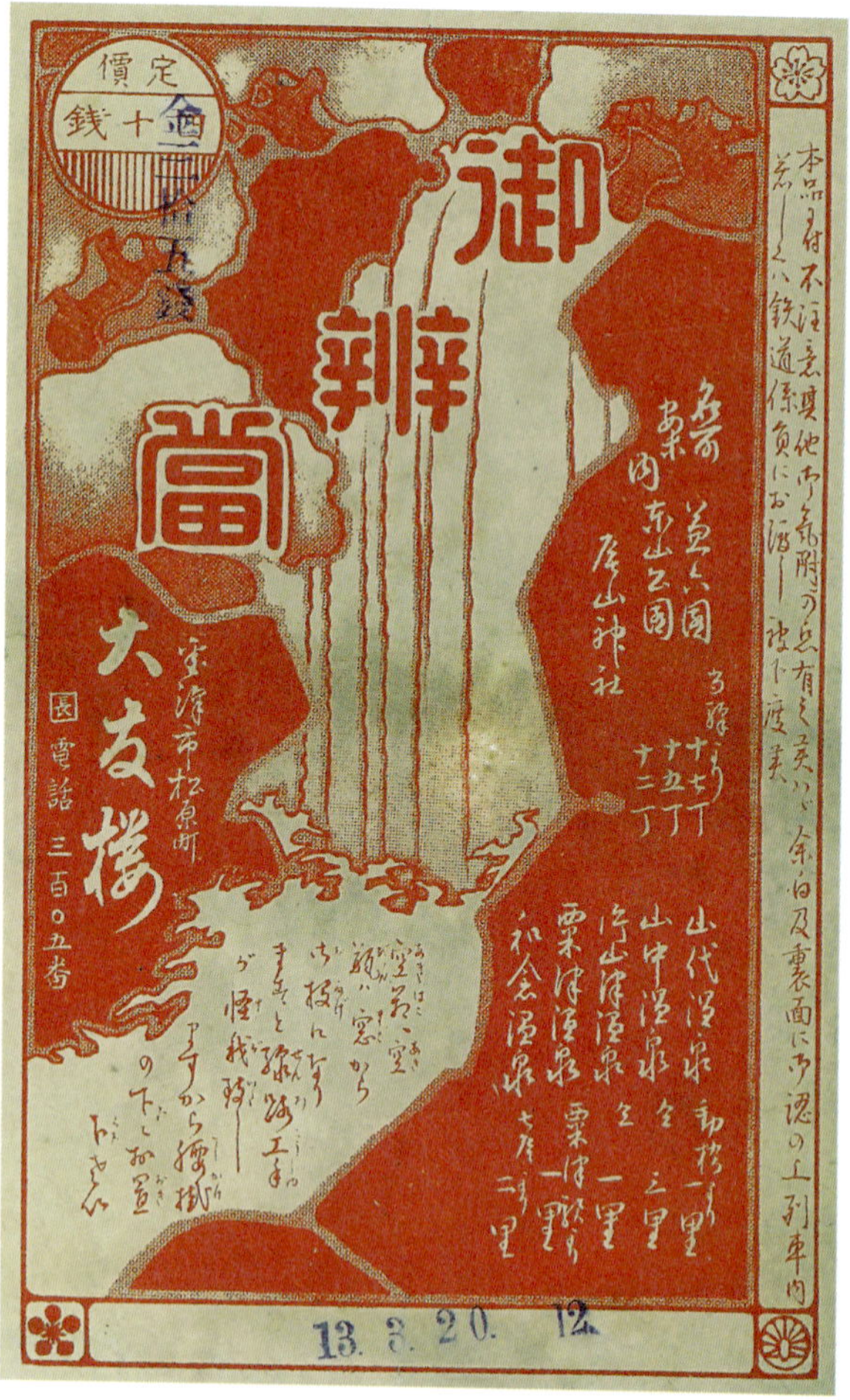

大正13年

油谷常磐牧場と書かれた「サンドウ井ッチ」の掛紙

年務めていたため地元の信望も厚く、金沢駅の用地買収にあたって地元有力者として絶大な協力をしたそうです。

また、初代油谷定吉は、駅に隣接する此花町《このはな》で「油谷此花牧場」を創設し牛乳の搾取販売業を開始しました。金沢駅開設の際は、駅用地買収に尽力したこともあり、駅構内で牛乳の立売りが許可されました。

日露戦争が終了したあと、ロシア軍将校からバターとサンドイッチの製法と調理法を教えられ、バターとサンドイッチの市販を開始しました。この販売を契機として金沢市で最初となる洋食専門のレストラン「此花軒」を開設し、続いて鉄道当局からサンドイッチの立売りが許可されました。「油谷常盤牧場」と書かれた掛紙は、大正末から昭和初期のものと思われます。

平成27年3月14日に北陸新幹線が金沢駅まで延伸開業し、金沢と東京は最短2時間28分で結ばれました。この「かがやき」と「はくたか」の上り列車のグランクラスでサービスされる軽食は、開業当時「大友楼」が担当していました。グランクラスの旅とともに老舗の味を楽しんだ方もいたでしょう。和軽食は四季ごとに内容が変わるため、また老舗の味を楽しみにしています。

店主自らが描いた北アルプスが掛紙に

金亀館【御壽司】

このお弁当が販売された高山駅は、昭和9年（1934年）10月25日、高山線として開業していた岐阜〜飛騨小坂《ひだおさか》間と接続する、飛越《ひえつ》線の富山〜坂上《さかかみ》間から延伸した飛騨小坂〜坂上間の途中駅として開業しました。これにより、飛越線は高山線に編入されて岐阜〜富山間が高山本線となりました。

この駅では、「金亀館《きんきかん》」が同年10月18日に名古屋鉄道局長の許可を得て、初代垂井藤夫が弁当の立売りを開始し、現在に至っています。

同館は明治6年から、高山城主だった金森家の下屋敷で料亭を営んでいたそうです。藤夫は浅草の料理屋「草津亭」で修業をしている時、高山に鉄道が通ることを知ります。そこで熊谷駅で弁当の販売をしていた「秋山亭」に駅売り弁当の作り方を学びに行き、高山線の開業

昭和42年当時の高山駅。木造2階建てのこの駅舎は開業当初から平成26年に新駅舎建て替え工事のため解体されるまで、約80年にわたって使用された

を待ちました。

この掛紙は販売価格と戦時標語が入っていないことから、昭和10年代前半のものと思われます。「北アルプスへは山都高山から」とあるように、雪渓が残る山々を見ている山男の姿が印刷されています。ここに使われている絵は藤夫が描いたもので、同店の並弁当の掛紙にも、岩壁をザイルで登る登山家の姿が描かれているものがあります。

高山駅は、橋上駅舎と東西を結ぶ自由通路の供用が平成28年10月2日に開始され、小京都高山の新しい顔として多くの観光客を迎え入れています。

毎年10月9日と10日には秋の高山祭が開催されます。この祭りは、旧高山城下町の北半分の氏神様である桜山八幡宮の例祭で、春の「山王祭」と秋の「八幡祭」を総称して高山祭と呼ばれています。

北アルプスへは
山都高山から
御注意
空瓶、空箱などを車窓外に投げ棄てることは危険ですから御遠慮下さい
御壽司
金二十銭
本品に付きお氣付きの点が有りましたら表面に御認めの上鉄道係員にお渡し下さい
高山駅構内
金亀館
電話 七五 四〇 〇五

昭和10年代前半

金亀館では、年に４日間だけしか販売しない幻の駅弁があります。春と秋の高山祭の開催に合わせて作られる「まつり弁当」で、赤飯が入った幕の内弁当です。

平成28年は、新駅舎の開業を記念して10月８日から10日の３日間、１９００円で販売されました。一度は食べてみたいと思っている弁当ですが、平成28年もその機会を作れませんでした。今から、幻の弁当計画を進めたいと思っています。

平成28年秋に販売された金亀館のまつり弁当

駅弁の掛紙で知るご当地の名所旧跡情報

安利屋旅館【御辨當】

このお弁当が販売された津駅は、明治24年（1891年）11月4日、関西鉄道の駅として開業しました。亀山～一身田《いしんでん》間は、同年8月21日に開業していますので、亀山駅と津駅が鉄道で結ばれたことになります。

津駅でいつからお弁当が販売されたのか定かでないものの、明治30年11月、参宮鉄道がここから山田駅（現・伊勢市駅）まで開業し、伊勢神宮へ参拝する旅客が増えていますので、この頃にはお弁当が売られていたと考えています。また、明治37年7月号の時刻表には駅弁販売の印が付いています。

関西鉄道と参宮鉄道は明治40年10月に国有化、明治42年10月には線路名称制定で亀山～山田間が参宮線となりました。さらに昭和34年7月には、紀勢本線の開通に伴って亀山～津～多気間が紀勢本線に編入されて現在に至っています。

100ページの「安利屋旅館」の掛紙は、朱赤の石版1色刷りで駅からの名所がイラストで紹介されています。並弁当の価格が15銭なので明治後期から大正の初めに販売されたものと推定しています。

これは明治35年頃の安利屋旅館の「御寿し」

名所は、恵日山《えにちざん》観音堂へ12丁、阿漕塚《あこぎづか》へ24丁など駅からの距離情報も記されています。恵日山観音寺（津観音）は、東京の浅草寺（浅草観音）、名古屋の真福寺（大須《おおす》観音）とともに日本三観音のひとつと言われています。

阿漕塚は、母親の病気を治すため、矢柄《やがら》という魚を禁漁の海で獲ったことが発覚し、簀巻きにされ海に沈められた阿漕平治の魂を鎮めるために建立されたと言われており、毎年8月15日と16日に盆供養が盛大に

御辨當
贄崎港
阿漕塚
恵日山観音堂
津公園
勧業陳列館
定價拾五錢
三重縣廳
津驛構内
安利屋旅館
長電話五七番
津驛ゟ
津公園へ二丁
勧業陳列館へ二丁
三重縣廳へ二丁
阿漕塚へ二十四丁
贄崎港へ二十丁
恵日山観音堂へ十二丁

明治後期～大正初期

大正後期頃の安利屋旅館の「上等御辨當」

実施されています。

当時のお弁当の掛紙には、名所旧跡を記したものが多くあり、その情報を見ているだけで物知りになったような気分になってしまいます。

駅弁の販売情報も、時刻表だけが頼りだった時代から、現在は中身まで簡単に調べられるようになりました。旅行を計画されている方は、事前に調べてみてください。予約でしか買えないものや期間限定など、プレミアムなものが食べられるかもしれません。

式年遷宮の記録と売価で販売年を特定

小川【御辨當】

　このお弁当が販売された山田駅は、明治30年（1897年）11月11日、参宮鉄道の駅として宮川駅から延伸開業しました。

　その後、参宮鉄道は明治40年10月に国有化、明治44年7月に鳥羽駅まで延伸されています。また、現在の伊勢市駅に改称されたのは、昭和34年7月15日のことです。

　この駅では、駅開業と同時に小川長之助が参宮鉄道の許可を得て弁当の立売りを開始しました。これは、伊勢神宮を控えた観光と志摩方面などの遊覧地として重要な駅であったことから、旅客サービス上必要と認められたものです。

　掛紙（104ページ）には調製印がありませんが、いつ頃のものなのか年代を特定する事象が記されています。鏡の形をした白抜きの中に「奉祝御遷宮」と記載されていることを手掛かりに、

昭和32年当時の駅舎。先代の駅舎は昭和20年７月の宇治山田空襲で焼失。この駅舎は昭和25年４月に改築されたもので、駅舎に掲げられた駅名も「山田駅」となっている

戦前に実施された伊勢神宮の式年遷宮を調べました。

考えられるものは、第57回式年遷宮（明治42年）と第58回（昭和４年）の２回です。弁当の売価が20銭なので昭和４年に実施された第58回の式年遷宮を祝った掛紙ということが特定できます。

式年遷宮祭とは「神社で、一定の期年において神殿を営み、これに神体を移す祭。伊勢神宮では20年ごとに行われる」（広辞苑）とあり、平成25年に実施された第62回式年遷宮は記憶に新しいところです。

式年遷宮のような大きなイベントに加え、平成28年５月26・27日、伊勢志摩サミットが賢島《かしこじま》のホテルで開催されました。これらが相まってリアス式の風光明媚な海岸風景と「伊勢志摩」の地名が国内外に知れわたり、経済的な効果も期待されているそうです。

平成26年の夏、伊勢市駅に初めて降りたところ激し

昭和4年

昭和10年前後の小川の「御辨當」

雨に見舞われ、足早に参拝を済ませ帰り列車に飛び乗ってしまいました。かつては、東京駅や京都駅まで直通列車が運転されていた駅なので、次回は往時をゆっくり思い浮かべながら駅と街並みを見ようと思っています。

第4章　予讃・土讃線

那須与一の名場面が掛紙を飾る

高塚松濤軒【上等御辨當】

このお弁当が販売された高松駅は、明治30年（1897年）2月21日、讃岐《さぬき》鉄道の駅として丸亀駅から延伸開業しました。同鉄道は、多度津港から金刀比羅宮《ことひらぐう》を参拝する旅客を輸送する目的で明治22年5月、四国では伊予鉄道に次いで2番目に開業した鉄道です。

讃岐鉄道はその後、明治37年12月、山陽鉄道に買収され、その2年後に鉄道国有法に基づいて国有化されました。

この駅では、高松市内で旅館と料理店を営んでいた高塚峰次郎が駅開業と同時に鉄道会社の許可を得て駅待合室で売店を、ホームで弁当や菓子、果物などの立売りを開始しました。これを機に屋号を「高塚松濤軒」としています。

戦時体制となっていた昭和18年5月26日、公共的性格をおびている構内営業を強化育成するた

空瓶空箱等は腰掛の下にお置き下さい
販賣品の不良又は從業人の營業振り等に付不都合の点は鉄道係員に御申告下さい
上等御辨當
定價金参拾銭
屋島古戰場＝高松駅ヨリ一里三十四丁
栗林公園＝高松駅ヨリ十九丁
高松駅構内及連絡船内
高塚松濤軒
電話五三七番
7.12.19
熱れも電車の便が有ります

昭和7年

昭和34年9月に、2代目駅舎から約300メートル移転して開業した3代目駅舎。平成9年12月まで使用された

め、個人経営から法人組織の「高松駅弁当株式会社」が設立され、初代社長に高塚松濤軒店主の高塚峰次郎が就任しました。

近年、高松駅弁当は、JR四国と四国キヨスクが出資した「株式会社高松駅弁」に引き継がれましたが、平成26年6月20日をもって弁当の製造販売を終了し、その後会社も解散しました。

現在は、JR四国グループの「株式会社ステーションクリエイト東四国」が弁当の販売を行ない、人気の「アンパンマン弁当」などの製造を岡山駅弁の「三好野本店」が担当しています。

掛紙は、調製印から昭和7年12月19日に調製されたことが分かります。全体的に緑がかった地色に、馬にまたがった武将が弓を引いて小舟の上に掲げられた扇の的を射ようとするところが描かれ

戦時色が濃くなった頃の高塚松濤軒の「お茶付辨當」。公定価格の45銭

ています。

これは、『平家物語』巻第十一「扇の的」の那須与一が登場する名場面です。元暦2年（1185年）2月18日酉の刻の出来事なので、現代では3月下旬にあたります。

なお、昭和35年10月から販売されているロングセラー駅弁の「あなご飯」は、レシピを引き継ぎつつリニューアルされているそうです。明治から続く高松駅の駅弁文化も絶やすことなく守り続けてほしいと願っています。

讃岐富士をバックに二重屋根の客車が走る

大原小富士軒【上等御辨當】

このお弁当が販売された多度津駅は、明治22年（1889年）5月23日、丸亀駅と琴平駅を結ぶ讃岐鉄道の駅として開業しました。讃岐鉄道は、伊予鉄道に次いで四国で2番目に開業した鉄道です。開業当時の多度津駅はスイッチバックの駅でしたが、国有化後の大正2年12月、多度津～観音寺間の開業を期に現在地に移転、スイッチバックを解消しました。

この駅では開業の翌年2月、讃岐鉄道の承認を得て「大原小富士軒」が弁当の販売を開始しています。

昭和28年7月には、従来の個人営業を法人組織に改め有限会社小富士軒が設立されましたが、昭和50年代に廃業したようです。

掛紙は、縦90ミリ・横67ミリと大きなものではありません。従って弁当にこの紙が掛けてある

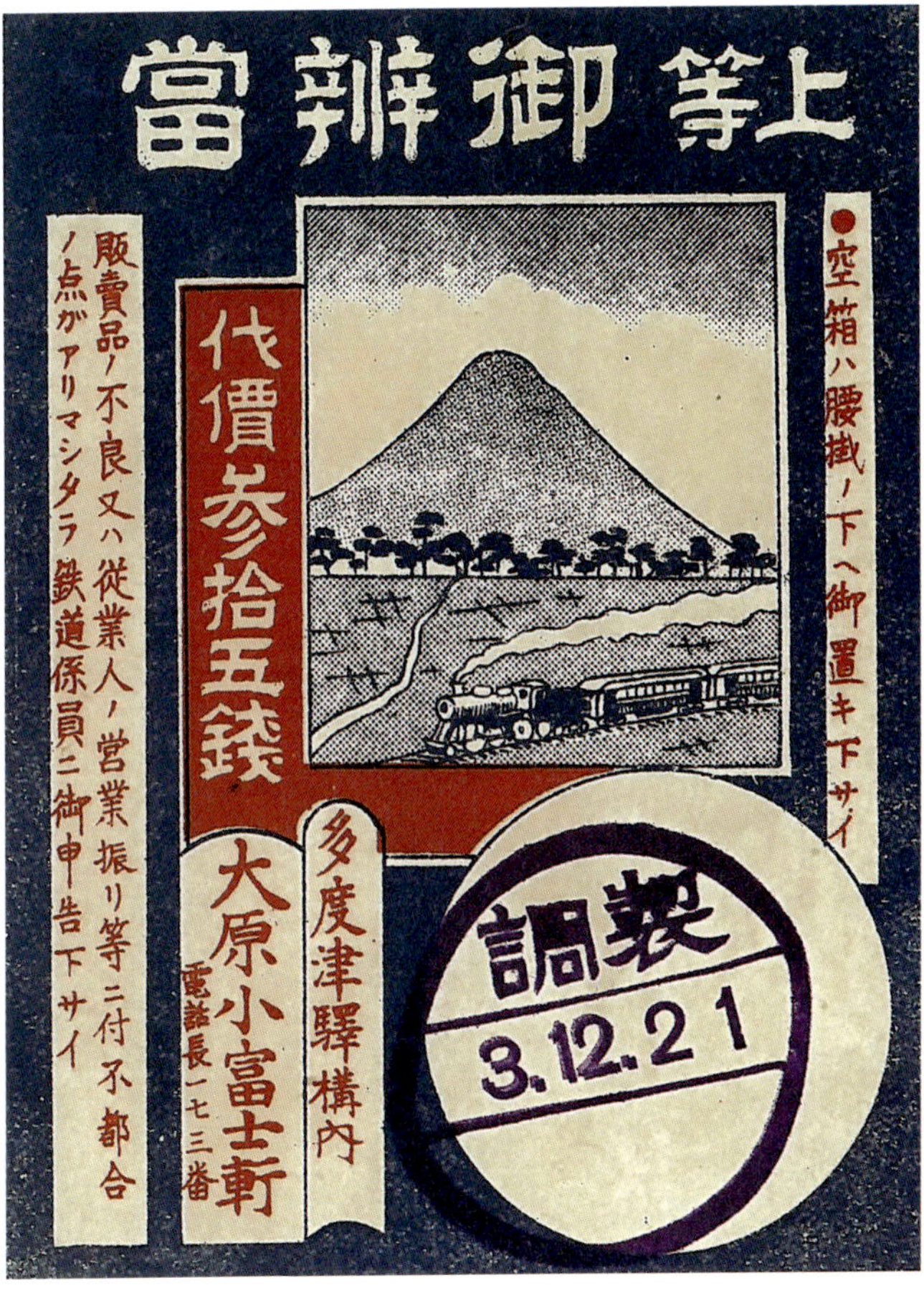
上等御辨當
●空箱ハ腰掛ノ下ヘ御置キ下サイ
代價參拾五錢
多度津驛構内
大原小富士軒
電話長一七三番
販賣品ノ不良又ハ従業人ノ営業振リ等ニ付不都合ノ点ガアリマシタラ鉄道係員ニ御申告下サイ
調製
3.12.21

昭和3年

というよりは、経木の蓋の上で十字に縛られた紐にちょこんと差し込まれていたのではないかと思われます。調製印がしっかり押されているため、昭和3年12月21日に販売されたことが分かります。この年には横浜駅の「崎陽軒」で「シウマイ」が誕生しています。

掛紙には、おむすび形をした山と煙を棚引かせながら走る蒸気機関車が描かれています。山は讃岐富士と呼ばれている飯野山で、標高421・9メートル、新日本百名山のひとつにもなっています。蒸気機関車が引いている客車は、明り取り用の窓が設けられた二重屋根で現在の車両とは違った屋根の構造となっています。

志賀直哉の小説『暗夜行路』にも登場した多度津駅は、本州の尾道駅とを結ぶ鉄道航路の駅として、あるいは、金刀比羅宮参詣客の玄関口として賑わいました。駅構内にある国の登録有形文化財の給水塔が往時の賑わいを物語っているようです。

大原小富士軒の
「並等御辨當」

大原小富士軒の「上等御辨當」。
こちらは大正13年6月2日調製
のもの

時代を映す戦時歌謡曲の歌詞と㊣印

鈴木【御茶付辨當】

このお弁当が販売された松山駅は、昭和2年（1927年）4月3日、伊予北条駅から延伸した鉄道省の讃予線の駅として開業しました。讃予線は、昭和5年4月1日に高松〜松山〜南郡中（現・伊予市）間が全通して予讃線と改称、さらに昭和8年8月に予讃本線となりました。

松山駅では、鈴木浅太郎が昭和13年5月、広島鉄道局長の承認を得て弁当の販売を開始しました。同店は明治18年頃、松山市松前町4丁目で先代の鈴木秀太郎が始めた料亭「寿々喜《すずき》」が前身です。明治38年、家業を「鈴木弁当店」の初代・浅太郎が継ぐとますます発展、弁当の立売りを始めるころには松山市内でも一、二を争う料理店となったそうです。

鈴木弁当店が立売りを始めた前年に日中戦争が始まり、昭和16年には太平洋戦争も始まっています。掛紙はまさに戦時色を反映したものとなっており、昭和13年12月に発売された戦時歌謡曲

乘降時一列に
御茶付辨當
麥と兵隊
一「徐州徐州さ 人馬は進む
徐州居よいか 住みよいか」
洒落た文句に 振り返りや
お國訛りの おけさ節
髭が微笑む 麥畠
二 友を背にして 道なき道を
ゆけば戰野は 夜の雨
「すまぬ、すまぬ」を 背中に聞けば
「馬鹿を言ふな」さ また進む
兵の歩みの 頼もしさ
三 腕をたゝいて 遥かな空を
仰ぐ眸に 雲が飛ぶ
遠く祖國を はなれ來て
しみじみ知つた 祖國愛
友よ 來て見よ あの雲を
四 行けど進めど 麥また麥の
波の深さよ 夜の寒さ
聲を殺して 默々さ
影を落して 粛々さ
兵は徐州へ 前線へ
金四十五錢
公
松山驛
鈴木
電話一八一四番
四愛36 18.3(20,000)

昭和13年頃

昭和32年当時の松山駅。この駅舎は今も現役で、平成12年11月には小説『坊っちゃん』の町をイメージした三角屋根を増設して新装オープンした

『麦と兵隊』の歌詞が掲載されています。

また金45銭の下にある(公)は「公定価格」の印です。日中戦争の長期化により生活に必要な物資や食糧が欠乏し物価も高騰、政府は経済統制のため価格を据え置き、値上げを禁止して公定価格制を実施し、該当する品々に(公)の印が付きました。駅弁の掛紙には、昭和13年頃から付いています。

さらに戦争が激化した昭和16年頃からは、食糧の統制が強化され弁当の食材確保が難しくなると、鈴木弁当店では蒸したサツマイモを竹の皮に包んだ「勝山蒸」を販売するようになります。

戦争に勝つことと松山城がある勝山とを掛け合わせて名付けられ、掛紙には「代用食　勝山蒸」の名と「金35銭」の売価とともに、出征兵士を見送る歌が印刷されていたそうです。

戦後、観光ブームが到来すると、昭和35年に「醤油めし」が誕生します。松山で昔から「ハレ」の日に食べられる郷土の食を駅弁にアレンジしたものです。平成29年4月から四国デスティネーションキャンペーン「しあわせぐるり、しこくるり」が始まります。これを機に再度「醤油めし」を味わって、まだ未体験の松山登城を果たしたいと思っています。

ところで「弁当とお茶」は、明治の頃から切っても切れない縁があります。現在でいえば「弁当とペットボトル」ということになります。明治22年、静岡駅の「加藤弁当店」（現在の東海軒）が信楽《しがらき》焼の土瓶に静岡茶を入れて販売したのが始まりと言われています。大正後期に一時、ガラス製の茶瓶に変わったことがありますが、取扱いに不便などの理由により、程なく陶器製に戻り、昭和30年代まで続きます。

この御茶付瓣當に付いていたものは当然、汽車土瓶です。昭和30年代の終わり頃からポリ容器のお茶が出はじめ、汽車土瓶が姿を消していきます。そして缶入りのお茶が登場し、やがて現在のペットボトルへと移り変わっていきます。古い掛紙に書かれている「差し替え」の文字は死語となりました。子ども心に汽車土瓶とお茶の差し替えの記憶は残っています。ポリ容器の独特な臭いは鮮明に覚えています。それでも、蓋を湯呑み代わりに飲むスタイルは風情がありました。

昭和30年代、日本各地で見ることができた汽車土瓶

吉野川を泳ぐ鮎を描いた美しい掛紙

清月別館【鮎ずし】

このお弁当が販売された阿波池田駅は、大正3年（1914年）3月25日、現在の徳島線川田駅から延伸された徳島本線の駅として開業しました。その後、昭和4年4月には讃予線の讃岐財田《さいだ》～佃《つくだ》信号場（現・佃駅）間が開通して丸亀駅方面と接続。昭和10年11月には、大歩危《おおぼけ》・小歩危の難所を克服して高知駅方面から延伸してきた路線とも接続して多度津～阿波池田～須崎《すさき》間が土讃線となりました。

阿波池田駅の現在の所在地は、徳島県三好《みよし》市池田町サラダとカタカナ名です。この掛紙にも、当時の所在地として「三好郡池田町字サラダ」の文字が印刷されています。地名の由来は「皿田（皿のような地形）」あるいは「更田（更の田んぼ・新田）」から付けられたとも言われていますが、なぜカタカナ表記なのかは定かではないようです。

阿波
池田名物
早目にお召上り下さい
土讃線阿波池田駅
徳島県三好郡池田町
字サラダ一八九三の一
(有)清月別館
四鉄構内営業KK
池田営業所
鮎すし
調製
12.10.17
¥400

昭和40～50年代

この駅では、讃予線とつながった直後の昭和4年6月、「清月別館」が大阪鉄道局長の承認を得て弁当の販売を開始しましたが、1990年代に撤退しています。

池田町は、古くから交通の要衝として四国でも有数の宿場町として賑わい、幕末から明治期には葉たばこの集散地としても活況を呈しました。その名残りは、旧街道の「うだつ」（隣家との境界に取り付けられた防火壁）の街並みに偲ぶことができます。

清月別館は、たばこ取引を行なう商人や一般の旅人を宿泊させる旅館を経営していました。この「鮎ずし」は戦前から販売されており、吉野川で獲れた鮎を使い名物となっていました。

この掛紙は、千葉県在住の収集家から東北本線一ノ関駅や黒磯駅、東海道本線岐阜駅や京都駅、久大《きゅうだい》本線日田《ひた》駅など昭和40～50年代に販売されていた鮎寿司の掛紙とともに譲り受けたものなのです。

例年、6月1日から吉野川の鮎漁が解禁となります。繁栄の証だった「うだつ」は今でも見ることができますが、阿波池田駅の鮎寿司は既になく、現在では、和歌山線吉野口駅や肥薩《ひさつ》線人吉駅など数駅でしか食べることができません。いつまでも名物駅弁として「鮎寿司」を守っていただきたいと願っています。

吉野口駅「柳屋本店」の「鮎鮨」

山陰本線上井（(現・倉吉）
駅「岸田北松軒」の「鮎寿し」

山陰本線石見益田（現・益田）駅
「寿養軒」の「鮎寿し」

岐阜駅「嘉寿美館」の「鮎壽司」

エレベーターのある自社ビルを掛紙に

中央食堂【上等辨當】

このお弁当が販売された高知駅は、大正13年（1924年）11月15日、鉄道省高知線の駅として日下《くさか》駅から延伸した伊野・朝倉・旭駅とともに開業しました。その後、昭和10年11月28日、最後に残った三縄《みなわ》～豊永間が開業、土讃線として多度津～高知～須崎間が全通しました。

この駅では、「中央食堂」が広島鉄道局長の承認を得て土讃線全通の昭和10年から弁当の販売と駅前食堂の営業を開始しました。

土讃線全通前の昭和10年10月号の時刻表によると、高知駅から多度津・高松桟橋方面へ行く場合には、大田口駅まで約2時間列車に乗り、野村自動車大歩危線のバスで1時間50分乗車して、阿波池田駅発の列車に乗り換えなければなりませんでした。

全通直後の同年12月号では、高知駅から阿波池田駅まで2時間半を切る列車が登場し、同区間

上等
辨當
金三拾銭
空箱は御手数ながら一括して腰掛の下に御置き下さい
毎度有難うございます
中央食堂
高知驛
中央食堂
電話五四六番

昭和10年代前半

昭和32年当時の高知駅。この駅舎は開業以来の初代駅舎で、昭和46年4月に2代目駅舎が完成するまで使用された。また平成20年2月には高架化された新駅舎が完成した

の列車も8往復設定され、多度津方面への利便性は格段に向上しています。

掛紙は、土讃線全通後の昭和10年代前半のものと思われますが、その中に描かれている中央食堂は、高知でいち早くエレベーターを設置した建物だったそうです。

中央食堂は平成15年1月、駅弁の製造販売から撤退して「安藤商店」にレシピを引き継ぎ現在に至っています。

安藤商店が引き継いだお弁当の中に全国的にも大変珍しい生の魚を入れた「かつおたたき弁当」があります。パッケージに書かれている「鰹叩喜《かつおたたき》」の謂われを読んでお弁当を広げると、日の丸ご飯と薬味の青ネギやニンニクがのったカツオのたたきが現れます。ポン酢をかけて車窓の風景を見ながらひと切れ頬張れば、駅弁の枠を超えた味わいに浸れます。私はこのお弁当を食べる目的で四国を数回訪れています。

中央食堂はなくなっても、名物駅弁を存続しつつ新しいお弁当を開発している安藤商店の頑張りは、駅弁を愛する者にとって嬉しい限りです。

安藤商店のかつおたたき弁当

第5章

鹿児島・長崎・日豊線

明治後期の九州の鉄道網を一枚の掛紙に

丸末店【並辨當または上等辨當】

このお弁当が販売された博多駅は、明治22年（1889年）12月11日、九州鉄道の駅として開業しました。現在の駅から北西にある出来町公園付近に位置していたため、公園の一角には鉄道開業90周年を記念して「九州鉄道発祥の地」碑が建っています。翌年の9月には、現在の福岡市営地下鉄空港線の祇園駅付近に移転。明治40年7月の国有化を経て明治42年3月、新駅舎が完成しています。なお、博多駅が現在地に移転したのは昭和38年12月のことです。

博多駅では、戦前に「寿軒」と「蓬莱軒《ほうらい》」が弁当の立売りをしており、蓬莱軒は「かしわ飯」を販売していました。掛紙の「丸末店」は後の寿軒で、㊄運送店を経営していた末永寿が明治29年4月、九州鉄道の許可を得て弁当の販売を開始しています。

昭和17年、構内営業会社の整理により寿軒が蓬莱軒を買収して「博多鉄道構内営業有限会社」

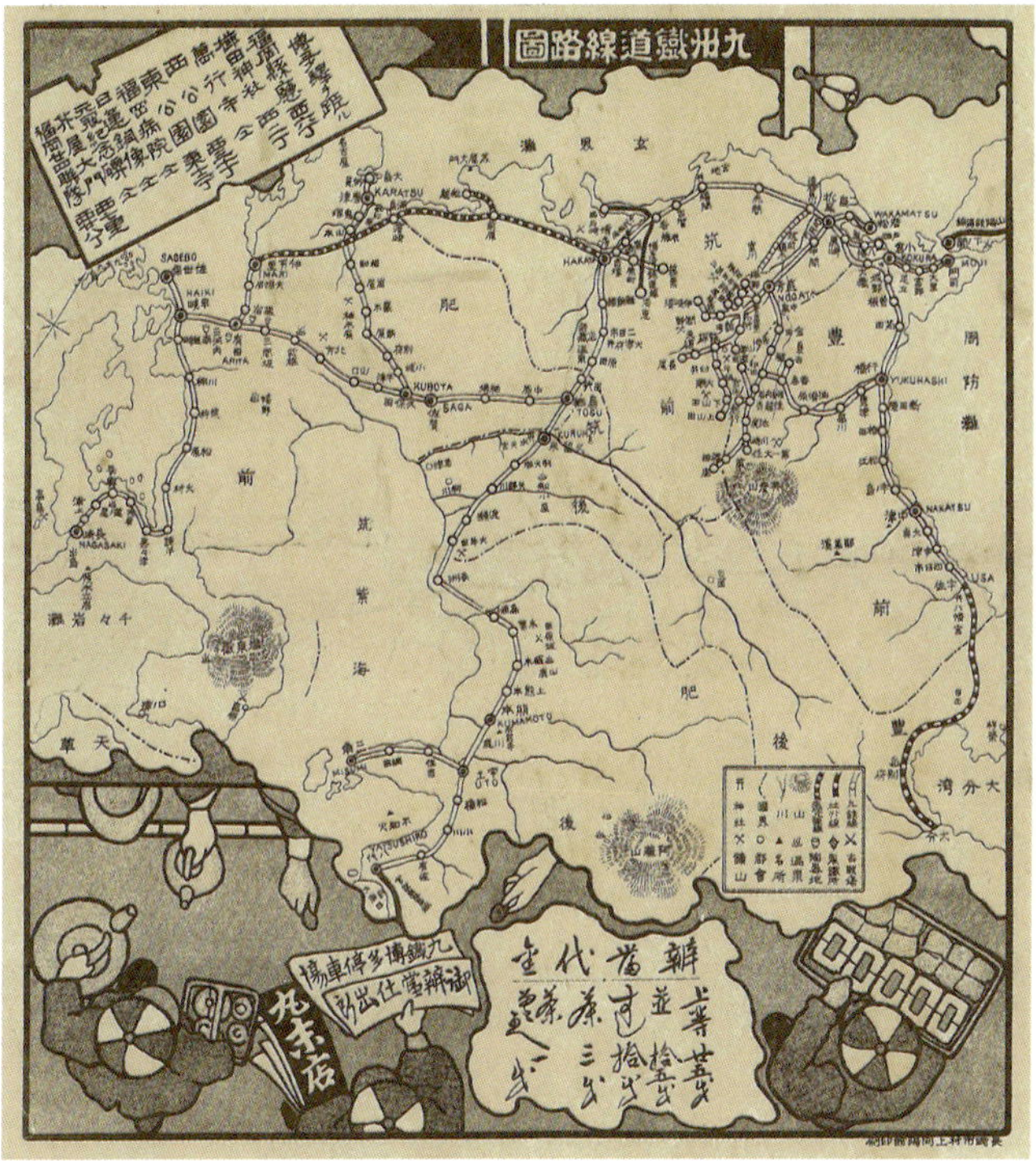

明治38年頃

昭和37年当時の博多駅。明治42年築の駅舎がまだ現役で使用されていた

が設立されましたが、平成22年10月、弁当の販売から撤退しています。

掛紙に「九州鉄道線路図」とあるように、この弁当が販売された頃はまだ私設鉄道の時代、つまり明治40年7月以前であることが分かります。それではいつ頃の掛紙なのか、この線路図を頼りに紐解いてみましょう。

明治38年4月に開業した長崎駅は記載されていますが、同年10月に西唐津駅となった妙見《みょうけん》駅はまだ改称されていませんので、明治38年頃のものと断定できます。

線路図の下に、ホームを真上から見た様子が描かれ白線も引かれています。ツートンカラーのキャスケットを被った販売人に、中折れ帽を被った乗客がお茶の差し替えのため汽車土瓶を差し出しています。「お代は1銭」と聞こえてきそうです。このように、一枚の掛紙から当時の様子が窺い知れるのも掛紙収集の楽しみのひとつです。

蓬莱軒のかしわ飯。調製印が不鮮明のため、●年７月17日なのか●月７日17時なのか判断に迷うところだ

国の重要文化財に指定された眼鏡橋を描く

中村静楽園【上等御辨當】

このお弁当が販売された諫早《いさはや》駅は、明治31年（1898年）11月27日、九州鉄道長崎線の駅として開業するとともに、同駅を経由した門司港〜早岐《はいき》〜長崎間のルートが開通しました。九州鉄道は明治40年7月に国有化され、明治42年10月の線路名称制定で長崎本線となりました。

一方、現在の長崎本線である肥前山口駅から肥前鹿島駅を経由して諫早駅に至る有明線が、昭和9年12月1日に全通したことにより、諫早〜早岐間が大村線、早岐〜肥前山口間が佐世保線となり現在に至っています。

この駅では、「中村静楽園」の初代・中村静夫が九州鉄道株式会社の許可を得て駅開業と同時に弁当の立売りを開始しました。

また、同社は大正2年2月、構内人力車営業の許可を得て15台で事業を開始。市内30銭の料金

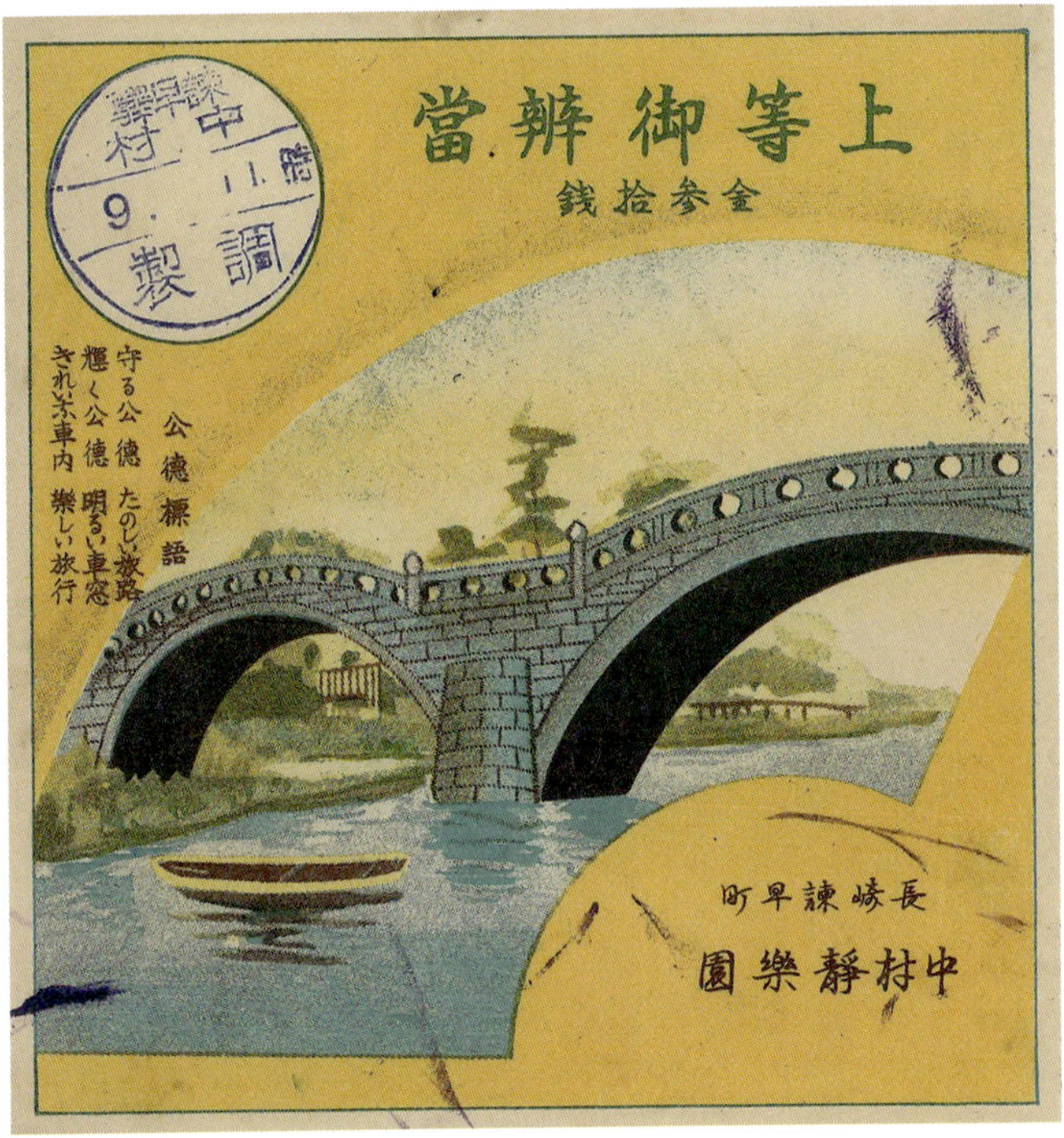
諫早驛
中村
9. 11.
調製
上等御辨當
金参拾銭
公徳標語
守る公徳 たのしい旅路
輝く公徳 明るい車窓
きれいな車内 楽しい旅行
長崎諫早町
中村静樂園

昭和10年前後

昭和33年当時の諫早駅。この駅舎は、現在の長崎本線が開通した昭和9年に建設された2代目駅舎で、平成28年6月、九州新幹線長崎ルート建設工事に伴って役目を終え、仮駅舎に移行した

で自動車の時代が到来するまで継続し、大正15年8月、貸切り自動車営業を取得しています。

掛紙は黄色地で、中央に本明川《ほんみょうがわ》に架かる「眼鏡橋」が描かれています。この橋は、天保10年（１８３９年）に完成し、約２８００個の石を使用しています。昭和33年11月、石橋としては初めて、国の重要文化財にも指定されています。

掛紙の年代は、価格などから昭和10年前後と思われますが、描かれている橋の場所は現在の諫早公園ではありません。昭和32年７月、諫早地方を襲った記録的な集中豪雨があった際、橋は流出せずに済んだものの、堅固さゆえに橋が流木などを受け止めて被害が拡大してしまいました。河川の改修工事に合わせて解体案が浮上しましたが、当時の市長らの尽力により解体を免れ、現在の地に移設・保存されたのでした。

諫早駅では、明治から続く駅弁は絶えてしまいましたが、郷土の料理として「楽焼うなぎ」が継承されていることを知りました。かつては諫早駅にも存在した「うなぎ弁当」。次回訪問時にはぜひ、楽焼うなぎを味わってみたいと思っています。

こちらも同じく昭和10年前後の中村静楽園の「上等御辨當」

掛紙は豊後水道を照らす無人島の燈台

日清軒【御辨當】

このお弁当が販売された佐伯駅は、大正5年（1916年）10月25日に開業、以来、昭和37年1月までは「さえきさえき」と呼ばれていました。興味深いのは、同年5月に当時の佐伯町が、町名を「さえき」から「さいき」に変更していることです。なぜ、5カ月後に開業した駅の読み方を町名に合わせなかったのでしょうか。しかもなぜ、半世紀近くも経ってから駅名を変えたのか調べてみたいところです。

大分県下で構内営業をしている弁当事業者は、鉄道当局の方針により昭和17年6月、それまでの個人営業の形態を改め、大分、別府、中津、豊後竹田、並びに佐伯の各営業者を統合して法人組織の「大分鉄道構内営業」有限会社が設立されました。その際に「日清軒」が佐伯営業所となったと思われますが、記述がありませんので断定できません。

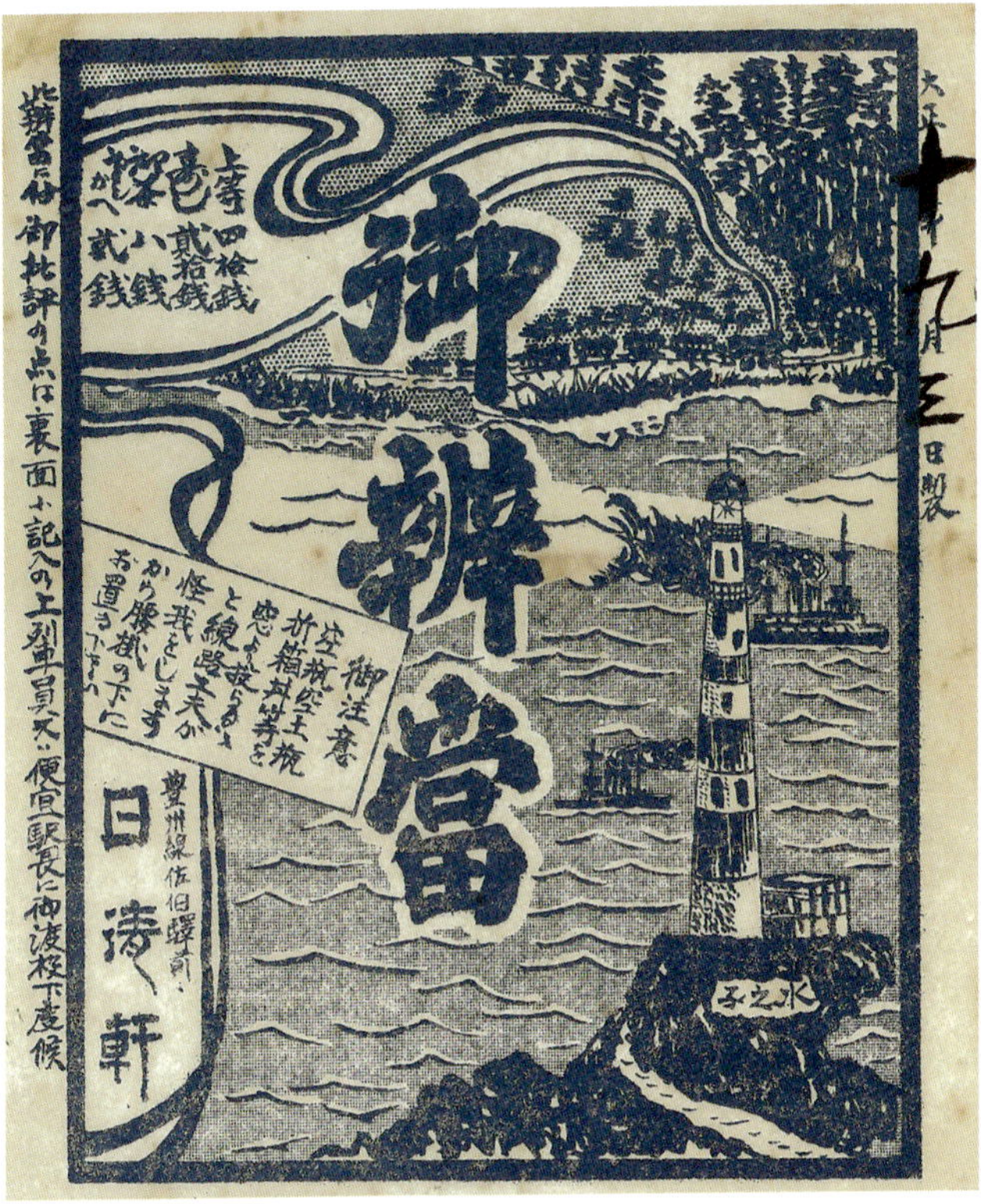
御辨當
大正十年九月三日調製
此辨當ニ付御批評の点は裏面ニ記入の上列車員又ハ便宜駅長に御渡被下度候
上等 四拾銭
壹色 貳拾銭
御茶 八銭
かへ 貳銭
御注意
空瓶空土瓶
折箱丼等を
窓より投らるゝと
線路工夫が
怪我をします
から腰掛の下に
お置き下さい
豊州線佐伯驛前

大正10年

昭和57年当時の佐伯駅。この駅舎は昭和54年6月に竣工した2代目駅舎で、今も現役で使用されている

日清軒は、初代鎌田清作が創業していますが創業年も定かではありません。しかし、2代目の鎌田定一が大正14年3月25日に実家を継承していますので、掛紙の弁当を販売したのは、初代清作です。屋号の日清軒も清作の「清」を取ったものと思われます。この掛紙は、木版1色刷りで大正10年9月3日に調製されています。豊州線佐伯駅とあるように、まだ日豊本線は全通しておらず、2年後の12月まで待たなければなりません。ただし、この時の「日豊線」は小倉〜宮崎〜吉松間で、現在の小倉〜宮崎〜鹿児島間が「日豊本線」となったのは、昭和7年12月の線路名称制定からです。また、駅弁販売店も「日清軒」となっています。

汽車から昇る煙の中に記されている品書きには、上等40銭、寿し12銭、御茶8銭、さしかえ2銭とあり、当時の価格が分かります。「さしかえ」とは、お茶を飲んだ

同じく水ノ子灯台が描かれた、昭和10年当時の日清軒の「上等御辨當」

後の汽車土瓶にお湯を入れて貰うことですが、汽車土瓶そのものが昭和40年代前半に姿を消してしまったため、若い方には想像できないかもしれません。

水之子と書かれた島の上には、水ノ子島灯台が豊後水道を照らしています。この灯台は、明治37年3月に初点灯し、石造りの灯台としては島根県の出雲日《ひの》御碕《みさき》灯台に次ぐ日本で2番目の高さを誇り、平成10年11月1日の第50回灯台記念日に、「あなたが選ぶ日本の灯台50選」にも選ばれています。

九州最大の面積を誇る佐伯市にある佐伯駅は、戦前の軍港から工業都市への発展、高度経済成長から今日まで、1世紀以上、その変遷を見続けています。

鉄道網未完の時代から受け継がれる駅弁販売

水間旅館【上等御辨當】

このお弁当が販売された都城《みやこのじょう》駅は、大正2年（1913年）10月8日、官設鉄道宮崎線（現在の吉都《きっと》線）として谷頭《たにがしら》駅から延伸開業しました。その後、大正5年10月25日に宮崎駅まで開通し、翌年9月に宮崎本線となっています。

この駅では「水間旅館」の当主・水間篤太郎が大正4年9月、九州鉄道局長の承認を得て弁当の販売を開始しました。

当時、博多駅や門司駅（現・門司港駅）方面へ行く場合には、吉松駅で鹿児島線（現・肥薩線）に乗り換えるルートしかなく、弁当を販売している吉松駅までは2時間45分余りかかったため、弁当立売りの必要性が認められて創業したものです。

現在、都城駅では株式会社「せとやま」が弁当を販売しています。せとやまは昭和23年6月、

上等御辨當
金三十五錢
都ノ城
水間旅館
御手廻品は成るべく
御身輕に願ひます
旅は道連れ
世は情け
お互に座席
を譲り合ひ
ませう
門司鐵道局

昭和4年

昭和34年当時の都城駅。この駅舎は大正11年に建設されたもので、昭和50年3月、3代目となる現駅舎に改築されている。庇に掲げられた看板に、昭和34年9月に同駅まで延長運転された「準急ひかり誕生」の文字が見える

西都城駅で水間辰左が「都城駅弁当西都城営業所」として創業しました。昭和28年7月、辰左の弟・瀬戸山哲雄が株式会社の設立により営業所長に就任、現在の「せとやま」に至っています。本店も西都城駅にあります。

掛紙は調製印から昭和4年2月27日に販売されたことが分かります。この年の9月、鉄道省は東京駅と下関駅を結ぶ特別急行列車に初めて愛称を付けました。愛称は一般公募され、1・2列車に「富士」、3・4列車に「櫻」と命名されています。

掛紙は、黄色地をベースにたわわに実った麦の穂（?）が描かれ、販売駅と調製元は鳥脅しの鳴子の中にさり気なく表示してある粋なデザインとなっています。値段は35銭です。

現在、都城駅と西都城駅で弁当を販売している「せとやま」の名物駅弁は、昭和30年から販売している「かしわめし」です。私も、数年ぶりに本店を訪れ変わらぬ味を楽しみました。

各地の駅弁屋さんで昔から作られている「とりめし」は、比

較的安価なこともあり多くの旅人に親しまれてきました。皆さんも、地域ごとに違う味を楽しんでみてはいかがでしょうか。

水間旅館の「上等御辨當」。こちらは30銭のもの

現在販売されている、せとやまのかしわめし

わずか5年間だけ販売された幻の駅弁

久大館【上等御辨當】

このお弁当が販売された豊後森駅は、昭和4年（1929年）12月15日、鉄道省大湯《だいとう》線の駅として豊後中村駅から延伸開業しました。久留米駅まで全通したのは5年後の昭和9年11月で、この時に大湯線が久大線に編入されて久留米〜大分間が久大線になりました。

この大湯線は、大正4年10月に私設鉄道の大湯鉄道として大分市（後に大分駅に統合）〜小野屋間が開業し、大正11年12月に国有化されて大湯線となりました。

久大線が全通すると豊後森駅は、久留米〜大分間141・5キロのほぼ中間に位置していたため、隣接して同年に豊後森機関区が設置されました。最盛期には、200人を超える職員と機関車25両を有し久大線の輸送の中枢を担っていました。

この駅でお弁当が販売されていた時期を時刻表で調べると、昭和10年6月号から昭和15年7月

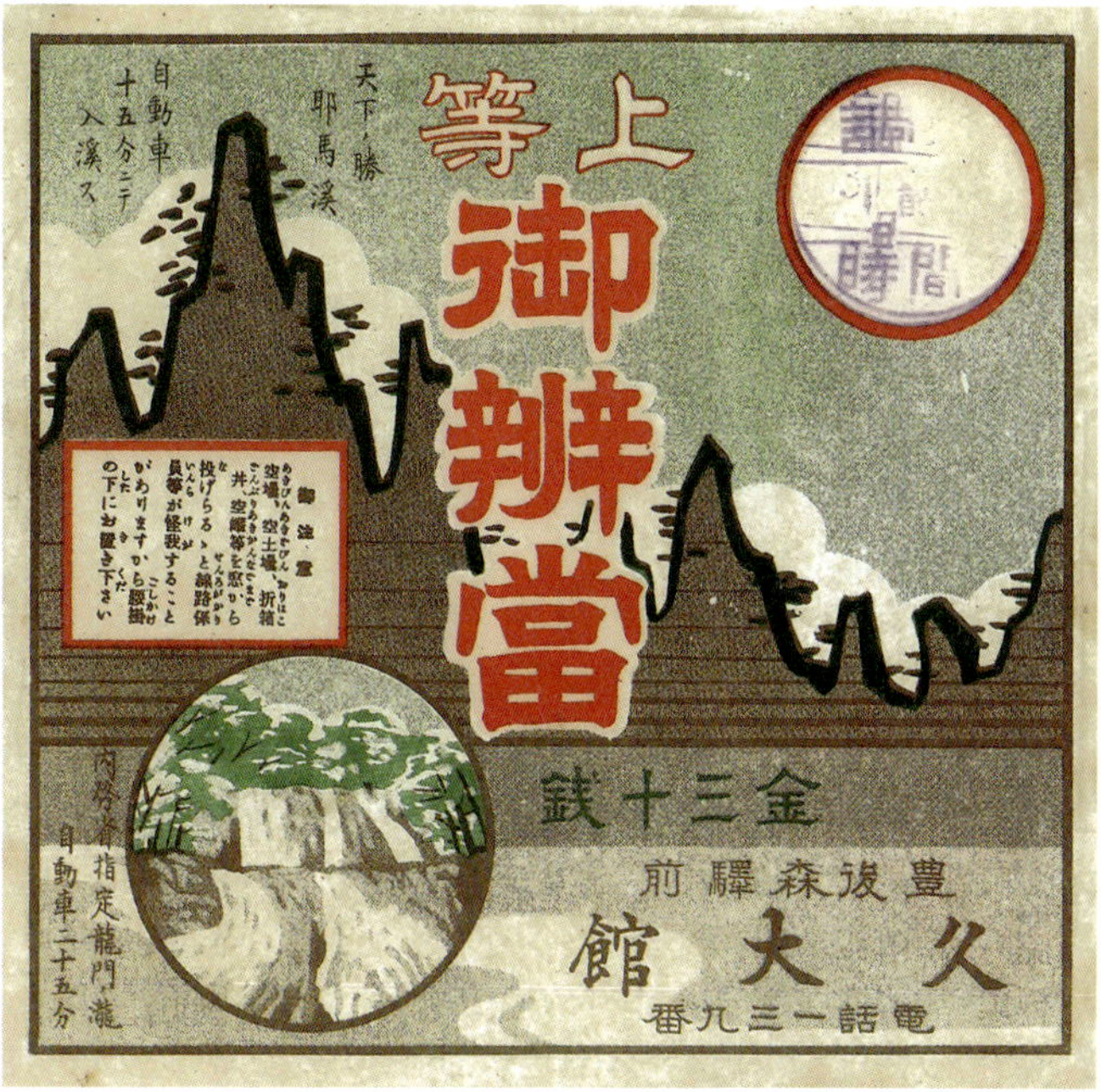
上等
御辨當
天下ノ勝
耶馬溪
自動車
十五分ニテ
入溪ス
御注意
空壜《あきびん》、空土壜《あきどびん》、折箱《おりはこ》
丼《どんぶり》、空罐《あきかん》等を窓から
投《な》げらるゝと線路係《せんろがかり》
員《いん》等が怪我《けが》することが
ありますから腰掛《こしかけ》
の下《した》にお置《お》き下《くだ》さい
金三十銭
豊後森驛前
久大館
電話一三九番
内務省指定龍門ノ瀧
自動車二十五分

昭和10～15年

「豊後森機関庫公園」として保存・整備された機関庫。9600形蒸気機関車の29612号機も保存されている

号に弁当販売の印がありました。この掛紙の駅弁が販売された時期とも合致しています。

掛紙は、耶馬渓《やばけい》の山や岩がデザインされ、内務省から名勝の指定を受けた龍門の滝も描かれています。

注目したいのは注意書きです。大抵の掛紙は、図柄の外に遠慮がちに表記されているのですが、絵柄の中にしっかり「空瓶、空土瓶、折箱、丼、空缶等を窓から投げらるゝと……」とあります。土瓶はお茶の容器ですが、丼は駅で売られていた鰻丼だったかもしれません。

豊後森機関庫の建物と転車台は、平成21年2月、近代化産業遺産に認定され、平成24年8月には国の登録有形文化財にも登録されました。

全国的にも数少なくなった扇形庫などの貴重な

鉄道遺産は、玖珠《くす》町が主体となって「豊後森機関庫公園」として整備が進められており、平成27年11月には公園の一角に「豊後森機関庫ミュージアム」もオープンしました。

大分駅「梅乃屋」の「御寿司」

久留米駅「水良軒」の「上等御辨當」

懐かしい駅弁の立売りが今も健在

田村【御辨當】

このお弁当が販売された人吉駅は、明治41年（1908年）6月1日、官設鉄道の駅として八《やっ》代《しろ》駅から延伸開業しました。

翌明治42年11月21日、日本三大車窓のひとつとして有名な矢岳越えの人吉〜吉松間が開通し、門司（現・門司港）〜鹿児島間が全通、線路名称も鹿児島本線となりました。

昭和2年10月17日、現在の肥薩おれんじ鉄道湯浦《ゆのうら》〜水俣間が開通したのに伴い八代〜人吉〜鹿児島間は肥薩線と改称、その後、隼人《はやと》〜鹿児島間が日豊本線に編入され現在に至っています。

掛紙の「田村」がいつから弁当を販売していたのか定かでありませんが、矢岳越えを控えて輸送上重要な駅だったことを考えると、鹿児島本線となった時には販売されていたものと思っています。

9.21后1
市房山
一七二三米
相良城趾
球磨で一番
青井さんの楼門
前の蓮池
桜馬場
ヨイヤサー
……河合股五郎が落付く先は九州相良……吉松に向ふ列車が人吉駅を出て間もなく球磨川の鐵橋にかゝると右手川向ふに見る森が相良公の繊月城跡であります
御辨當三十錢人吉驛田村

昭和10年前後

昭和34年当時の人吉駅

掛紙の四角の枠に書かれている「……河合股五郎が落ち付く先は九州相良……」は、人形浄瑠璃や歌舞伎の人気演目『伊賀越道中双六』の台詞の一節ですが、人吉を紹介する古い観光案内書にはこの一文がよく使われていたそうです。

また、その上に書かれている「球磨で一番　青井さんの御門　前は蓮池　桜馬場　ヨイヤサー」は、地元民謡『球磨の六調子』の一節で、今でも宴席で唄われているそうです。

人吉駅では現在も「人吉駅弁やまぐち」が「栗めし」などの弁当を販売していますが、駅弁文化の原点ともいえる立売りが健在なのも嬉しい限りです。

昭和44年から同駅で立売りをしている菖蒲豊實さんは、「若い頃は、1日に1000個以上弁当が売れたこともありました。列車が到着すると、あちこちの窓から

肥薩線ではSL列車も運行されている。写真は球磨川鉄橋を走る「SL人吉」

お客さんに手招きされ、急いで弁当を売った思い出が忘れられない」と話していました。

平成29年3月、JR九州のD&S（観光）列車「かわせみ　やませみ」が登場しました。熊本〜人吉間を走るこの列車に乗って、球磨川を眺めながら「鮎ずし」を食べるのを今から楽しみにしています。

人吉駅で現在も立売りをする菖蒲さん

コラム② 現代台湾駅弁事情

ホームに響いた「べんと〜ん」の声が忘れられない

台東線池上駅「全美行」の「池上鐵路月台便當」

この掛紙は、台湾鉄路管理局台東線の池上駅で平成26年（2014年）12月に購入したお弁当のものです。池上駅は、大正13年9月1日に開業した駅で、台東線花蓮〜台東間の台東県にあります。

開業当時の台東線は、軌間762ミリと軽便鉄道の規格でしたが、輸送力増強の必要性から、昭和57年に、JRの在来線と同じ1067ミリに改軌されました。

池上駅から歩いて5分ほどの所に「池上包飯文化故事館」があります。包飯とは「便當（弁当）」のことで、池上弁当の歴史や農具、稲作の資料などが展示されているほか、館内で包飯を食べることができます。

池上駅の弁当は、昭和15年、ホーム（月台）で「藩薯餅」を販売したのが始まりです。戦後、竹の葉で包まれたおにぎりに角煮、お新香、豚の肝臓、赤身の肉などを月桃《げっとう》の葉で包んだものが、昭和37年頃まで販売されていました。それ以降、経木の折箱を使用し現在に至っています。

さほど大きくない池上駅でなぜ弁当が販売されたかというと、当時の花蓮〜台東間171・8キロの所要時間は

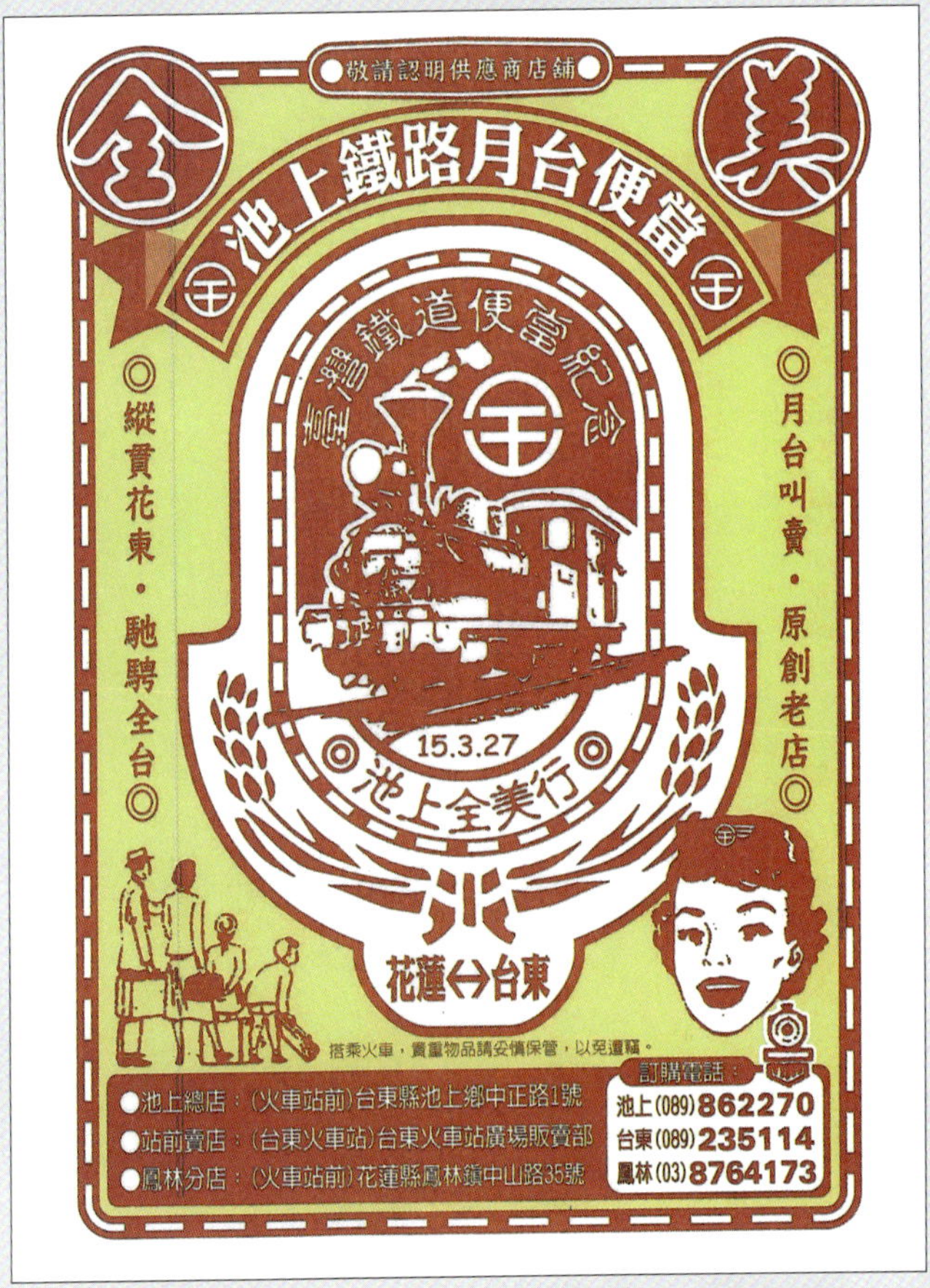
敬請認明供應商店舖
全
美
池上鐵路月台便當
臺灣鐵道便當紀念
15.3.27
池上全美行
縱貫花東・馳騁全台
月台叫賣・原創老店
花蓮↔台東
搭乘火車，貴重物品請妥慎保管，以免遺竊。
●池上總店：(火車站前)台東縣池上鄉中正路1號
●站前賣店：(台東火車站)台東火車站廣場販賣部
●鳳林分店：(火車站前)花蓮縣鳳林鎮中山路35號
訂購電話：
池上(089)862270
台東(089)235114
鳳林(03)8764173

平成26年

8時間余り。池上駅には、蒸気機関車の給水などで必ず列車が停車していました。食事を持参した乗客も池上駅に着く頃には腹を空かせ、停車時間を利用して駅の外で腹を満たしていたことから、旅客の利便を考えて弁当を販売するようになったそうです。

日本では駅弁の立売りがほとんど見られなくなった昨今、池上駅では「べんと～ん」の掛け声が最近までホームに響いていましたが、残念なことに今は立売りがなくなってしまいました。

駅に溶け込んだ便當のある風景

宜蘭線福隆駅「發記月台便當店」の「福隆月台便當」

このお弁当が販売された福隆駅は、大正13年（1924年）12月1日、台湾宜蘭線の澳底《おうび》駅として開業しました（昭和2年11月・鉄道教育会発行『鉄道停車場一覧』による）。昭和27年12月1日、福隆駅に改称されて現在に至っています。

この駅は新北市貢寮区に位置し、台北から「莒光号」（日本の急行列車にあたる）で約1時間20分の所にあります。便當（弁当）の立売りと海水浴場が有名な台湾鉄路管理局の3等駅です。

私が訪れた平成28年5月、ホームで「發記月台便當店」の女性販売員2名が立売りを行なっていました。スーパーで使用されているかごに、便當が冷めないよう、毛布のような厚い布に包んで列車の到着を待っています。

列車が到着すると「べんと～ん」のひときわ高い掛け声がホームに響きます。乗客も列車から急いで降りて便當を買い求め、その間、車掌も発車を待っています。各駅停車の乗客も便當を買っているところがちょっと驚きです。便當は、ホームのベンチでも普通に食べられていました。

改札の外に出ると、駅からまっすぐに延びる道の両側に、便當屋と貸自転車屋が軒を連ねています。休日ともなれば自転車を借りる家族連れや若者でごった返しています。

駅前にある便當屋で一番の人気店が「郷野便當」です。平成27年6月に訪れた時は、列に並んだものの次の列車に間に合わなかったため購入を断念しました。

今回は、十分な滞在時間を確保して街を見学。「郷野便當」を含め10軒の便當屋を確認し、8軒の便當を食べ比べました。当然残り2店舗の掛紙もゲットしています。

便當の中身は、豚バラ肉を独自のたれで煮込んだもの、煮玉子、台湾ソーセージ、豆腐の煮込み、魚のすり身の練り物、高菜やキャベツの炒め物、漬けものなどがご飯の上に載っています。各店で微妙に味付けが違いますが、たくさん味わううちに、よく分からなくなってしまいました。どの便當もご飯はおいしいです。この駅も昨年、立売りがなくなってしまいました。

平成28年8月上旬、台北で開催された「美食フェア」で日本の駅弁が販売されました。平成29年は、どんな弁当が登場するのか今から楽しみです。

榮獲中華民國第二屆優良商品（金字招牌獎）
福隆
發
月台便當
60元
日(02)2499-1169
(02)2499-1122
夜(02)2499-1548
祝旅途愉快
新北市貢寮區福隆里興隆街17號 銘謝惠顧

平成28年

第6章

東北・奥羽線

大船駅発祥のサンドイッチが大宮駅でも

門奈【サンドウヰッチ】

　このサンドイッチが販売された大宮駅は、明治18年（1885年）3月16日、日本鉄道の駅として開業し、平成27年に開業130年を迎えました。すでに上野〜熊谷間は、第1区線として明治16年7月に開通していましたが、白河駅までの第2区線を敷設するにあたり誘致が実を結んだ結果、分岐駅として設置されたものです。日本鉄道が国有化されたのは明治39年11月1日。明治42年10月12日の線路名称制定で、大宮駅は東北本線の駅になりました。

　この駅では国有化後の明治40年頃から「濱長」と「氷川屋」が弁当を、「門奈」が雑貨類を販売し構内営業を行なっていました。その後、昭和9年2月に3店が合同して合資会社「三立軒」が設立されたものの、氷川屋が昭和24年に独立して「ムサシ産業」を設立しました。大宮駅の名物駅弁「盆栽すし」を製造販売していた「ムサシ食品」の前身です。

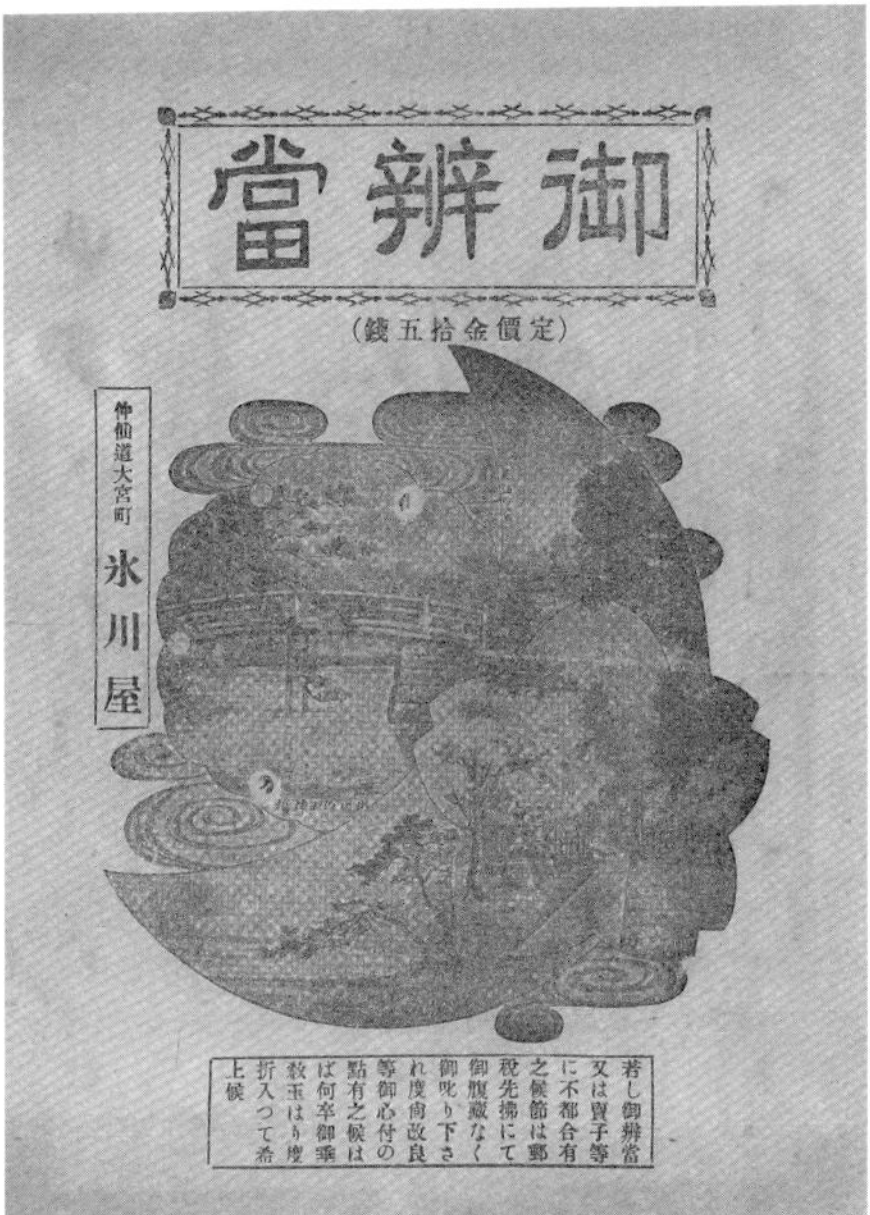

氷川屋の「御辨當」15銭。注意書きは候文。明治末頃

ところで、162ページの掛紙には汽車と2匹のトンボ、大宮駅門奈の駅名標が描かれています。機関車の形式は不明ですが、トンボは見沼田圃から飛来してきたもののように思われます。図柄がまったく同じで駅名標が「氷川屋」となっている掛紙も存在しています。また、調製印からは、この掛紙のサンドイッチが販売されたのは昭和5年と特定できます。

ちなみに、日本で初めて駅弁としてサンドイッチを販売したのは、明治32年、東海道線大船駅の「大船軒」で、たちまち人気となり、全国の駅弁屋が競って製造するようになりました。

大宮は駅開業後、車両工場や機関区などが開設され「鉄道の街」として発展してきました。現在では、北陸新幹線や上野東京ラインの開業で、ターミナル駅としての拠点性がますます高まる

販賣品と従業員の営業振りに付き御心付きの点は鐵道係員へ御申告願ひます
旅装はお身軽るに……
（東京鉄道局）
サンドウヰッチ
SANDWICH
金三十五銭
御注意　空箱を窓から投げないで腰かけの下にお置き下さい！
大宮駅
門奈
電話大宮(四六)(五四六)
鐵道構内營業人組合東京下谷中根岸山水社印行

昭和5年

とともに、毎年5月には地域と一体となった鉄道イベントも開催されています。なかでも大宮総合車両センターの公開は鉄道ファンの楽しみのひとつとなっています。

濱長の「上等御辨當」。昭和5年3月26日調製のもの

駅開業と同時に販売された駅弁界の老舗

白木屋ホテル【上等御辨當】

このお弁当が販売された宇都宮駅は、明治18年（1885年）7月16日、日本鉄道の第2区線、大宮～宇都宮間の終着駅として開業しました。

当時、利根川橋梁が架設工事中のため、旅客は栗橋駅と中田仮停車場の間で渡し船に乗り換えていました。列車も宇都宮～中田間・栗橋～大宮間で折り返していましたが、翌年6月17日、利根川橋梁の完成により、上野駅から宇都宮駅まで直通運転されるようになりました。

この駅では駅の開業日から、現在の宇都宮市伝馬町で「白木屋旅館」を経営していた斎藤嘉平が日本鉄道の許可を得て弁当の販売を開始しました。その後、明治26年に「松廼家《まつのや》」、翌明治27年には「富貴堂」が相次いで弁当の販売を開始し、昭和の時代は3社が工夫を凝らした弁当を販売していました。現在は、「松廼家」1社が販売を続けています。

昭和40年当時の宇都宮駅。この駅舎は昭和33年3月に完成した4代目駅舎で、2階が駅デパートになっている。新幹線工事のために仮駅舎ができた昭和49年11月まで使用された

駅が開業した時、市街地から駅までの大通りも開通しておらず、列車の運行も１日２往復だったため、売上げの見込めない場所へ出店したことに対して「白木屋はあんな所で何をする気なのか」と言われたこともあったそうです。

掛紙（１６６ページ）は、調製印から昭和２年のものと分かりますが、写真は坂東19番札所の大谷《おおや》寺（大谷観音）です。冬の販売を意識してデザインは、椿と寒牡丹の花の赤が印象的です。

かつて、白木屋が駅弁発祥と言われていた時期もありましたが、現在はその起源に諸説あるため確定することができません。しかし、今から１３０年以上前に駅弁が販売されてい

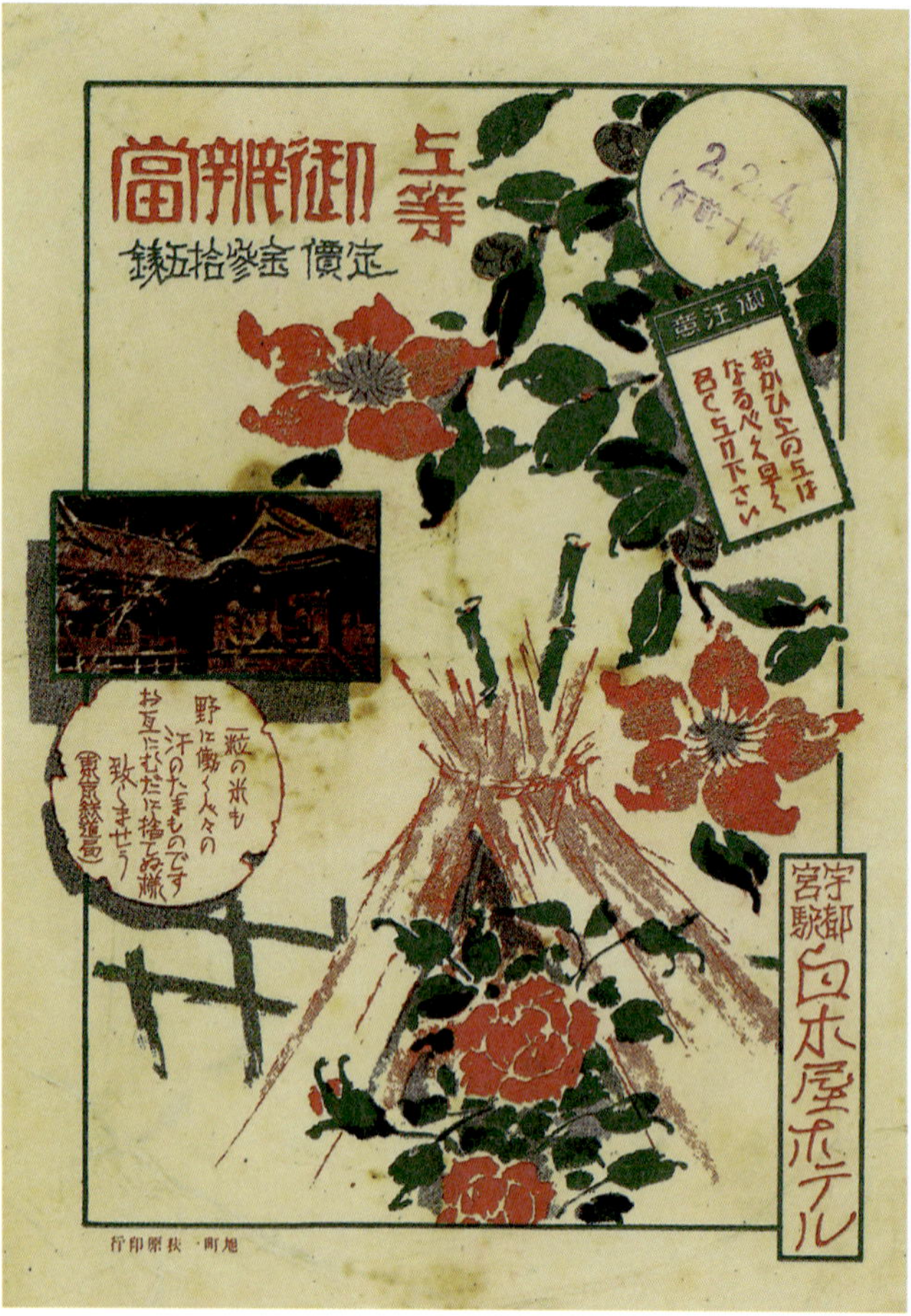

上等
御辨當
定價金參拾五錢
2.2.4
午前十時
御注意
おかひ上の上は
なるべく早く
召し上り下さい
一粒の米も
野に働く人々の
汗のたまものです
お互にむだに捨てぬ様
致しませう
(東京鉄道局)
宇都宮駅
白木屋ホテル
旭町 荻原印行

昭和2年

たのは揺るぎないところとなっています。

握り飯から始まった「駅弁文化」は、日本独自の食文化のひとつとして発展し確立されています。この文化を深く探るため、これからも食べ歩きの旅に出掛けています。

富貴堂の「上等御辨當」30銭。昭和11年10月4日調製

松廼屋の「御寿司」20銭。昭和2年3月12日調製

今では見られなくなった「改札鋏」も絵柄に

新潟屋【上等御辨當】

このお弁当が販売されていた北千住駅は、明治29年（１８９６年）12月25日、日本鉄道の駅として開業しました。

この駅では戦前に「新潟屋」と「松栄亭」が弁当を販売していましたが、両社の創業は定かでありません。ただ、明治31年8月に岩沼駅まで常磐線が全通したほか、翌年の8月には東武鉄道も久喜《くき》駅まで開業していますので、明治30年代の早くから弁当が販売されていたものと思われます。実際、明治37年7月発行の時刻表には、駅弁を販売していた印が付いています。ということは、日本鉄道が国有化されたのが明治39年ですから、日本鉄道時代にはすでに弁当が販売されていたことになります。

この掛紙（１７０ページ）には調製印がないので正確な年代は分かりませんが、価格や印刷所などから大正末から昭和初期のものと思われます。

当時の弁当掛紙は、列車の乗客に情報を発信する役目も負っており、簡単な標語と名所案内がさりげなく書かれています。これが、戦時色が強くなるにつれて標語だらけの掛紙も登場するようになってきます。掛紙からも世相が分かってきます。

東京鉄道局管内の駅弁立売り組合が作った紅葉の名所案内

付近の名所案内には「荒川堤の桜」「西新井大師」「堀切菖蒲園」と書かれています。ただし、描かれている菖蒲園は、葛飾区史に「堀切の菖蒲園は戦前、元祖といわれる小高園のほか武蔵園・堀切園など数か所に名園があり盛観を極めたが、周囲の環境と数度の水害などで逐次衰微していった」とあることから、現存の堀切菖蒲園ではなく小高園だった可能性もあります。「荒川堤の桜」は、赤羽駅で販売されていた戦前の掛紙にも登場しています。そちらの方も案内だけで、図柄は荒川の河川敷に自生していた桜草が描かれていました。

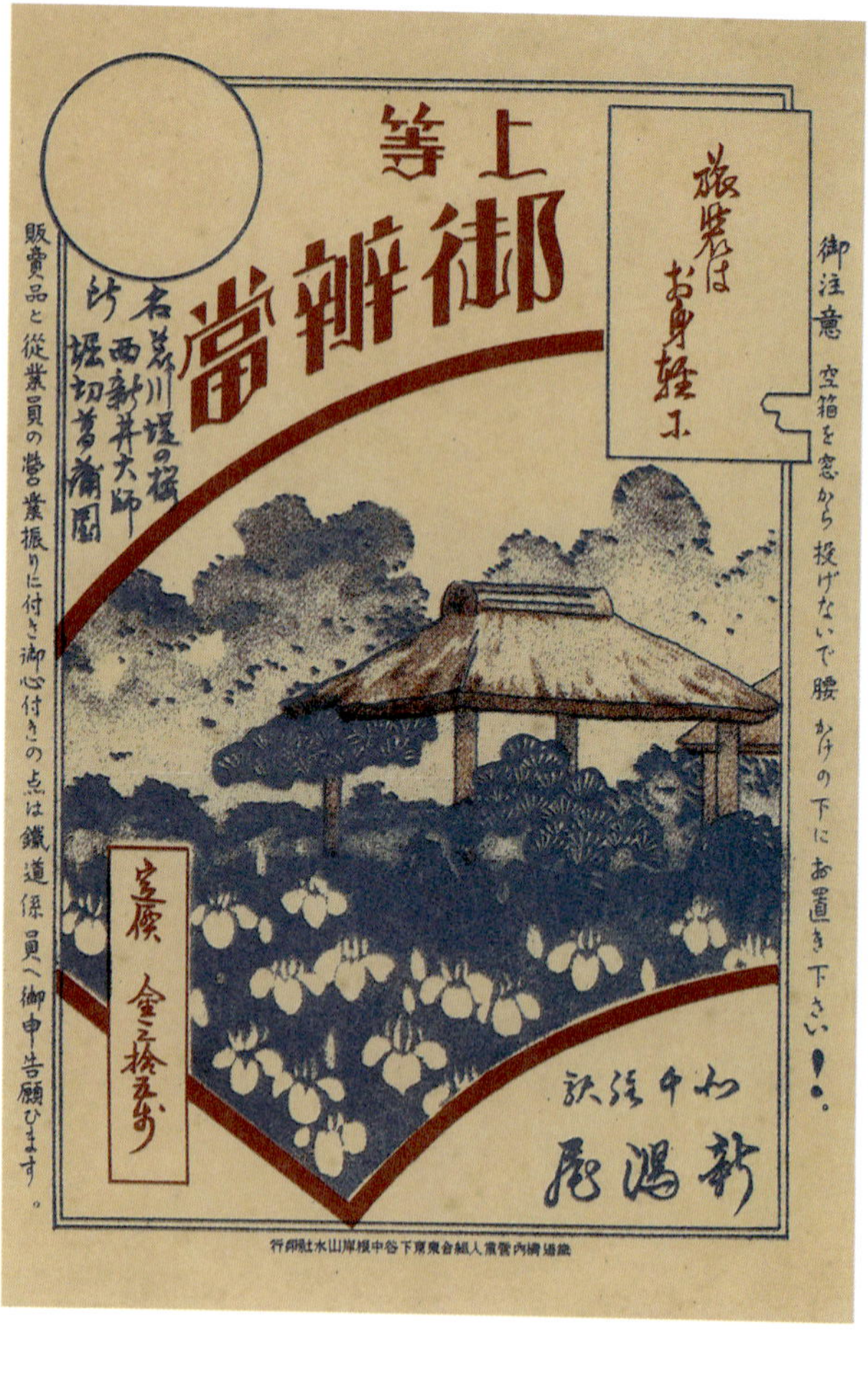
上等
御辨當
旅装はお身軽に
御注意
空箱を窓から投げないで腰かけの下にお置き下さい！。
名所
荒川堤の桜
西新井大師
堀切菖蒲園
販賣品と從業員の營業振りに付き御心付きの點は鐵道係員へ御申告願ひます。
定價 金三拾五錢
新潟屋
鐵道構内營業人組合東京下谷中根岸山水社印行

大正末～昭和初期

「旅装はお身軽に」と書かれたきっぷに入っている改札鋏は現在、自動改札機の導入などで、全国的にもほとんど過去のものとなっています。

今日では、通勤の拠点駅としてのイメージが強い北千住駅ですが、日光街道の宿駅から鉄道駅へと発展した過程を一枚の掛紙が見続けているように思えます。

松栄亭の「御寿司」。昭和初期に20銭で販売されていた

「八丁」「停車場」の表記から年代を推定

蓬田屋【御辨當】

　このお弁当が販売されていた岩沼駅は、明治20年（1887年）12月15日、日本鉄道の駅として開業しました。明治30年11月10日には磐城《いわき》線の中村（現・相馬）～岩沼間が開通し、現在の東北本線と常磐線の接続駅となりました。

　この駅ではかつて「蓬田屋《よもぎたや》」と「水戸屋」が弁当を販売していました。蓬田屋の創業は不明ですが、水戸屋よりも早く廃業しています。水戸屋は明治30年11月、日本鉄道株式会社の承認により弁当の立売りを開始しました。これは、水戸屋の初代水戸留五郎が鉄道開通の際、関係職員に食事の提供を行なったほか、用地買収などで多大な功績があったことなどによるものです。その後、弁当などの立売りのほか、名物の「稲荷あんもち」などを販売していましたが昭和40年代に撤退したようです。

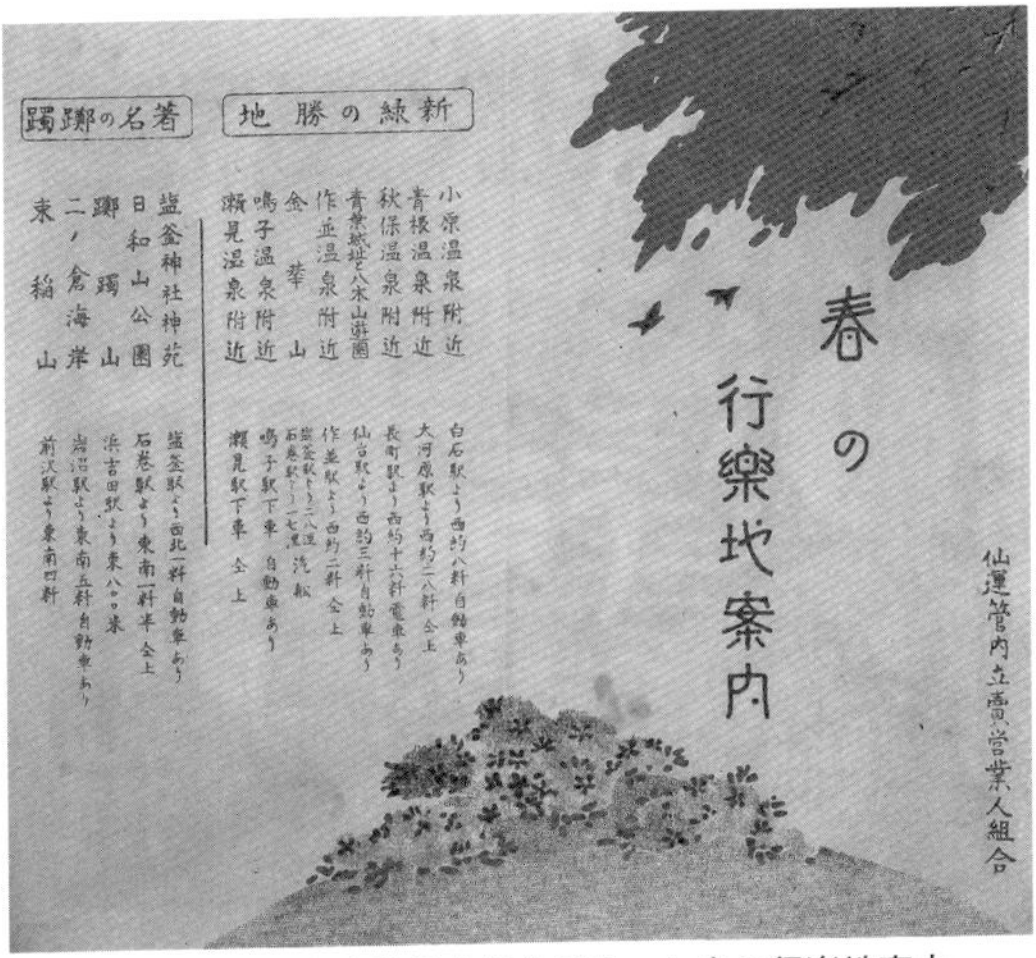

仙台鉄道局管内の立売営業人組合が作った春の行楽地案内

では、この掛紙（174ページ）が掛かった弁当は、いつ頃に販売されたものでしょうか。掛紙に「県社竹駒神社南へ八丁」など名所案内がメートルではなく尺貫法で表示されていることから昭和初期以前、さらに「岩沼停車場」とあることから大正中期以降のものと推定します。

弁当の中身は誰でも気になるところですが、岡山の駅弁屋さんは添え物に沢庵が当たり前だった頃、奈良漬にして人気を博したそうです。と言っても、まだ握り飯を竹皮に包んで売っていた明治時代の話ですが……。

この駅で販売されていた弁当にも奈良漬が入っていたそうです。文政4年（1821年）創業の造り酒屋「相傳《あいでん》商店」が、副産物の酒粕を使って作った奈良漬です。元々は、自家用だったものを駅弁に入れるため本格的に製造するようになり、以来100年以上の歴史があり

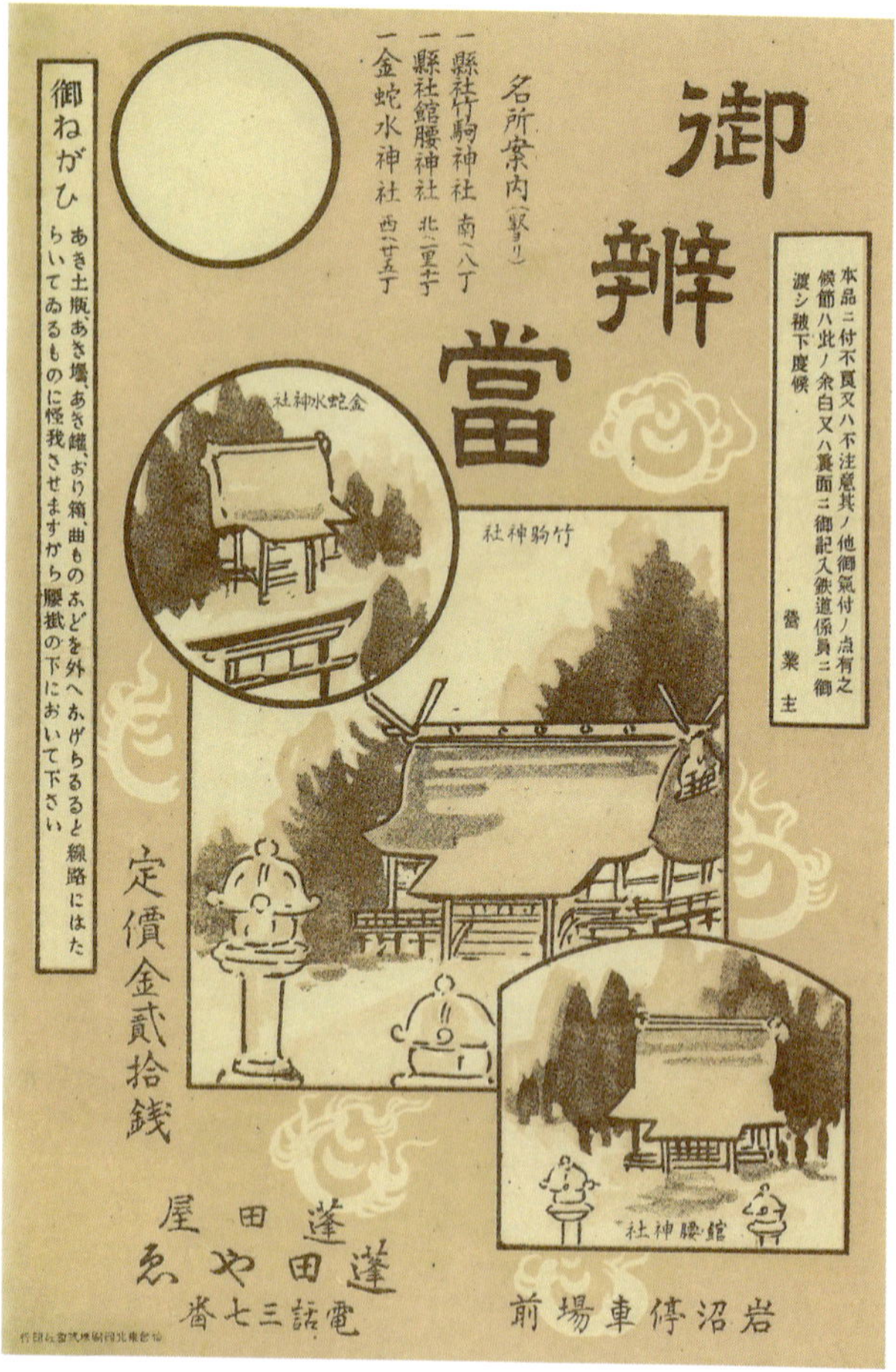
御辨當
本品ニ付不買又ハ不注意其ノ他御氣付ノ点有之候節ハ此ノ余白又ハ裏面ニ御記入鉄道係員ニ御渡シ被下度候
營業主
名所案内（驛より）
一 縣社竹駒神社 南へ八丁
一 縣社館腰神社 北へ一里十丁
一 金蛇水神社 西へ廿五丁
御ねがひ あき土瓶、あき壜、あき罐、おり箱、曲ものなどを外へなげらるると線路にはたらいてゐるものに怪我させますから腰掛の下において下さい
金蛇水神社
竹駒神社
館腰神社
定價金貳拾錢
蓬田屋
蓬田やゑ
電話三七番
岩沼停車場前

大正中期～昭和初期

ます。昔の弁当の中身が分からない中で唯一、当時の味が楽しめる食材として貴重な存在です。

かつての城跡に建設された岩沼駅。交通の要衝として今日まで旅人の思い出を刻み続けています。

水戸屋の「上等御辨當」。調製印は4月8日だが、昭和3年に開催された「東北産業博覧会」の案内から年代が特定できる。同様の図柄で他の調製元の掛紙も存在

武運長久を祈った？ 杜の都のうなぎ弁当

小林弁当部【御鰻めし】

このお弁当が販売された仙台駅は、明治20年（1887年）12月15日、日本鉄道の駅として開業しました。

駅開業の2年後には、「伯養軒」の前身である「仙台ホテル」が日本鉄道の許可を得て弁当の販売を開始しています。さらに大正9年8月には、仙台鉄道局長の承認を得て「小林」が弁当の販売を開始しました。

小林は明治23年、茨城県水戸市で小林熊次郎が創業した菓子店「井熊総本家」が仙台と郡山に支店を置いたことに始まります。仙台支店の菓子部では「松島羊羹」が作られ人気を博し、弁当と雑貨を扱う弁当部が新設されて駅弁の販売が開始されました。当時の掛紙に小林弁当部とあるのはこのためです。また、郡山の支店は現在の「福豆屋」です。

昭和32年当時の仙台駅。この駅舎は、昭和24年に建てられた4代目駅舎で、仮駅舎となる昭和47年まで使用された。駅前には昭和51年に廃止された仙台市電も走っている

この掛紙（178ページ）の「御鰻めし」には「皇軍ノ武運長久ヲ祈リ……」とあることから、戦時色が濃くなった昭和10年代半ばに販売されたものと思われますが、鰻めしの上に〝御〟と付いているのは他の弁当ではあまり見かけないため、何か特別なもののような気がしています。

うなぎ弁当のはじまりは、『駅弁歳時記』（林順信著・中央書院・平成元年5月刊）によると、現在の常磐線土浦駅の「説田《ときた》商店」が明治35年に30銭で販売を開始したとあります。当時は並弁当15銭、上等弁当25銭の時代なので、大変に高価なものでした。

現在も、仙台駅で「うなぎまぶし」などの駅弁を販売している「こばやし」の小林蒼生《しげお》社長は、母から聞いた昭和30年代の鰻めし販売の様子につ

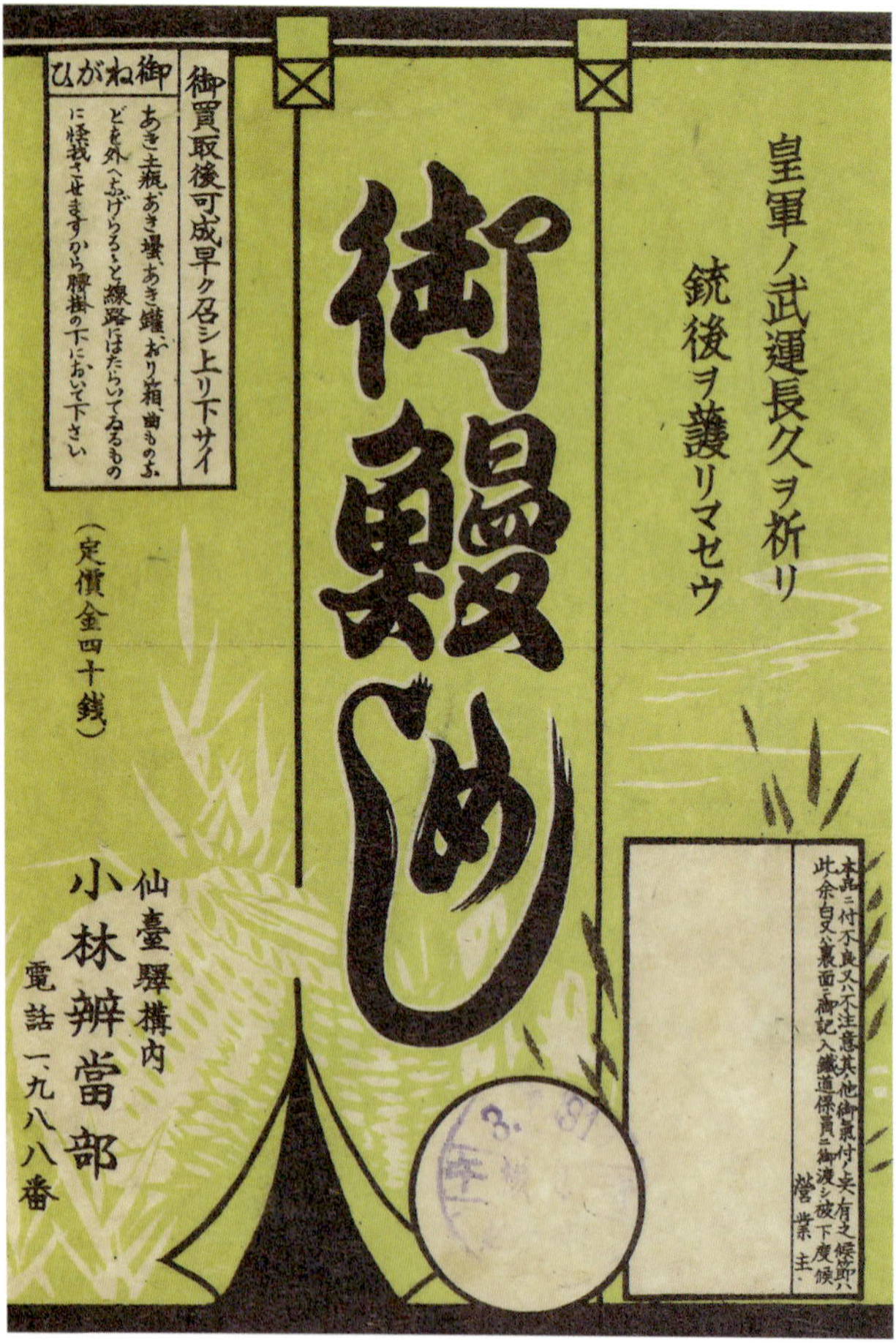
皇軍ノ武運長久ヲ祈リ
銃後ヲ護リマセウ
御鰻めし
御買取後可成早ク召シ上リ下サイ
御ねがひ
あき土瓶、あき壜、あき罐、おり箱、曲ものなどを外へなげられると線路にはたらいてゐるものに怪我させますから腰掛の下において下さい
（定價金四十錢）
仙臺驛構内
小林辨當部
電話一、九八八番
本品ニ付不良又ハ不注意其他御氣付ノ点有之候節ハ此余白又ハ裏面ニ御記入鐵道係員ニ御渡シ被下度候
營業主

昭和10年代半ば

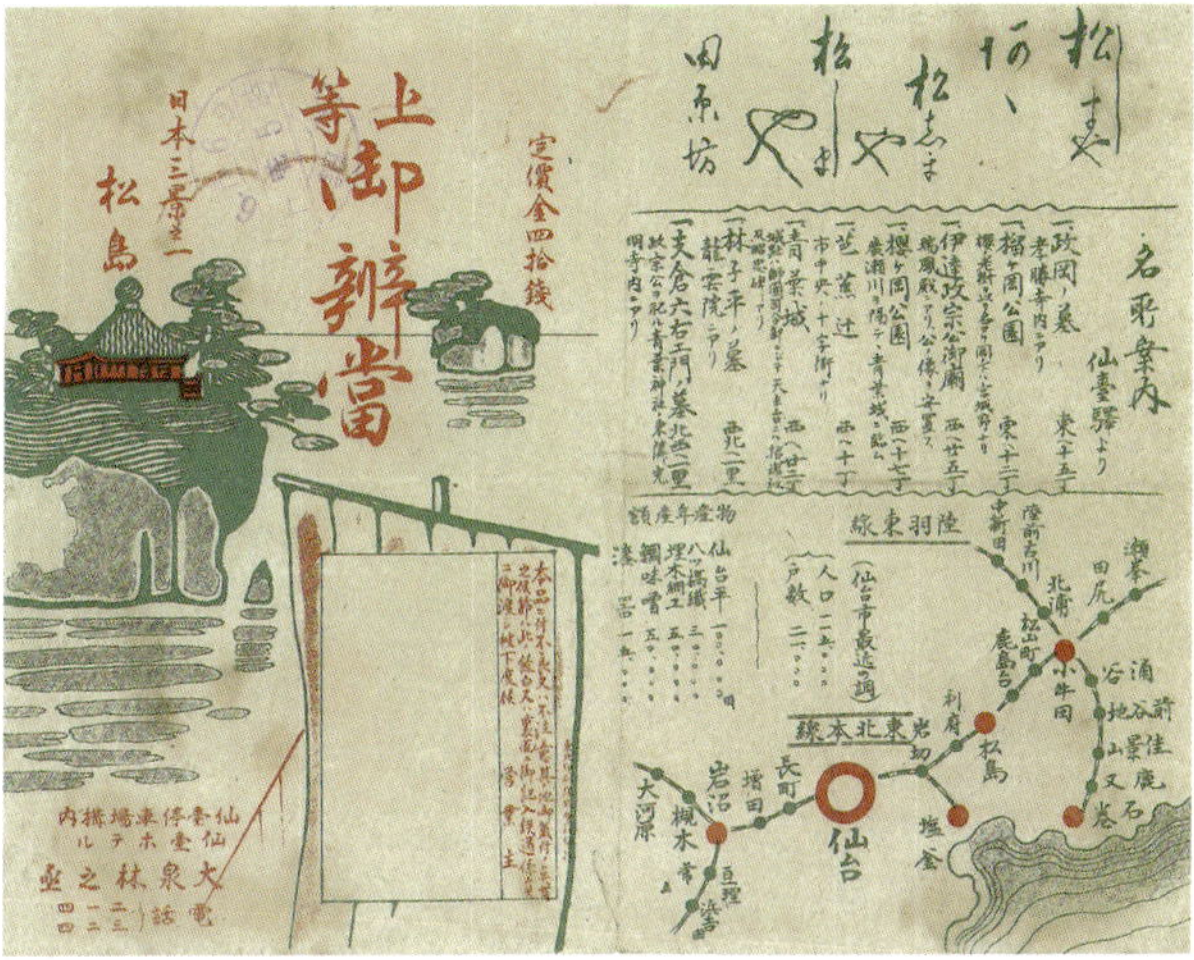

仙台ホテルの「上等御辨當」。大正8〜9年頃のもの

いて、「温かく食べてもらえるよう保温をしていた。とくに冬は大変だった」と語っています。

近年、うなぎの価格が高騰し、うなぎ弁当もなかなか口にすることができませんが、旅先で出会った際には、ちょっと奮発して食べてみませんか。

終戦直後に遡る人気駅弁「鶏めし」のルーツ

花岡旅館【お寿司】

このお弁当が販売された大館《おおだて》駅は、明治32年（1899）11月15日、官設鉄道の駅として開業し、奥羽本線の難所のひとつ矢立峠を間近に控えていたため、駅構内には機関区が設置されていました。

この駅では、「花岡旅館」が駅開業時に逓信省外局鉄道作業局長官の許可を得て弁当の販売を開始し、現在の「花善」に至っていますが、昭和30年5月3日に発生した大館市大火による罹災で、貴重な記録が消失してしまいました。

花善といえば「鶏めし」で全国的に有名ですが、味の原型は、戦後間もない頃に配給の米や砂糖、醤油、ゴボウなどをまとめて炊いて賄いとしたものがベースとなっています。そして昭和22年、ご飯の上に鶏肉を載せて80銭で販売して以来、その味を守っています。

182ページの掛紙の下には、「鉄道局公認汽車弁当類レッテル印刷並ニ広告取扱・東京神田合資会社丸ノ内商店」、左下に「大正十二年二月分」と印刷されています。当時、駅弁各社の掛紙は東京で一括して印刷されていたようで、図柄が同じで調製者のみ違うものを幾つか見かけます。しかし、同年9月1日に発生した関東大震災により、掛紙を印刷していた会社が被災したため、次第に各地で印刷されるようになりました。

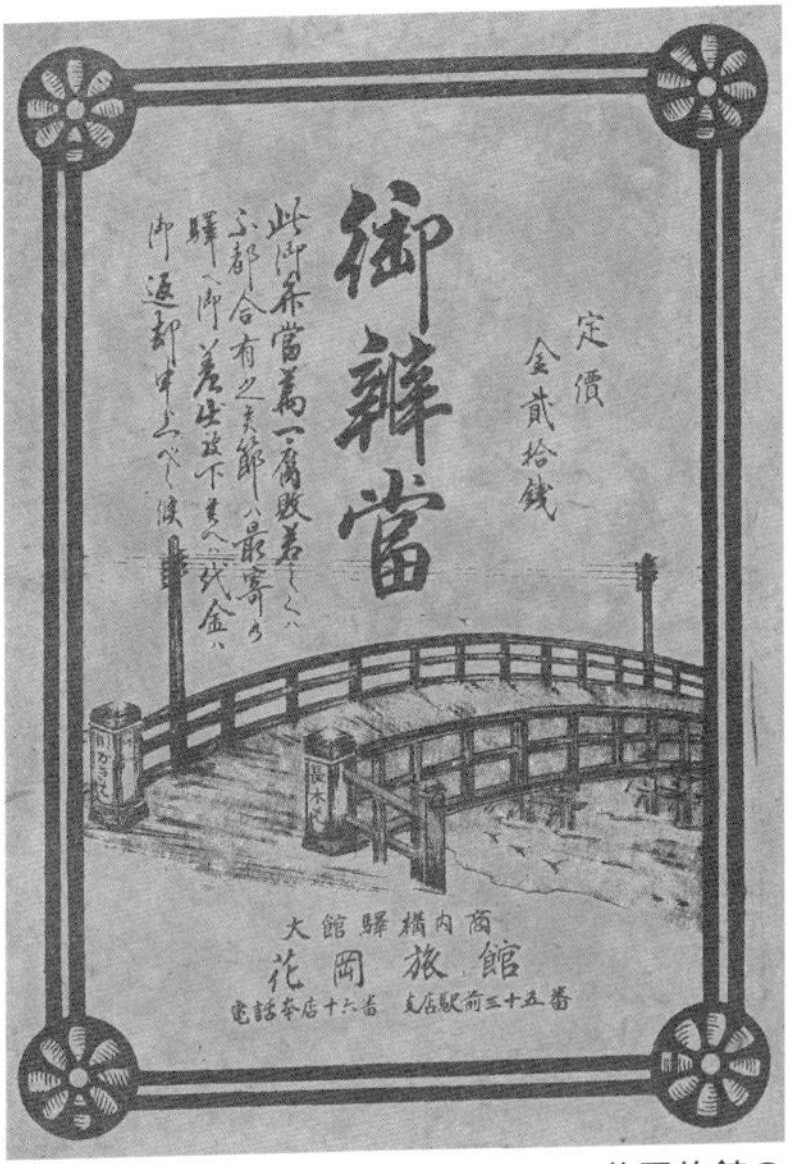

こちらは昭和初期のものと思われる花岡旅館の「御辨當」

広告と調製者は赤字で別に刷られています。その中で「鑾紅華湯《さふらんとう》」の広告を出した「塩釜一貫堂」は現存していませんが、お店の看板が鹽竈《しおがま》神社の収蔵庫に保管されています。また、調製印の部分は「大館　13・6・25　午后0時」と手書きされていますので、この駅弁は大正13年に販売されたものと分かります。

花善では、毎年2月の第2土曜日

お寿司
13.6.25
森永ミルクキャラメル
MORINAGA'S MILK CARAMEL
森永製菓株式會社
販賣品下直又は從業人の營業振りに付不都合の點がありましたら鐵道係員に御申告下さい
婦人病一切の靈藥
蠻紅華湯《さふらんとう》
本舗 一貫堂
遊佐壽助謹製
大館驛
花岡旅館
大正十二年二月分
大きな手荷物は車内に持込まぬこと
座席を塞いでお互に迷惑となりますから
仙臺鐵道局
鐵道公認汽車辨當類レッテル印刷並ニ廣告取扱・東京神田合資會社丸ノ内商店

大正13年

と翌日に開催される大館アメッコ市に合わせて、新作の弁当を販売しているほか、平成26年には、40年振りに「鶏樽めし」を復刻しました。老舗駅弁屋さんの元気な取組みを静かに応援しています。

同じく花岡旅館の「上等御辨當」。昭和3年2月14日調製

国鉄最後の軽便鉄道にあった幻の駅弁

鈴木商店【御辨當】

このお弁当が販売された遠野駅は、大正3年（1914年）4月18日、花巻と釜石を鉄道で結ぶ目的で建設された岩手軽便鉄道の遠野駅から仙人峠駅までの東線部分の駅として開業しました。

軽便鉄道とは「一般の鉄道より簡便な規格で建設された鉄道」（広辞苑）とあるように、岩手軽便鉄道の軌間は762ミリ（2フィート6インチ）と、現在のJR在来線などの軌間1067ミリ（3フィート6インチ）に比較すると1フィート狭いものでした。

同鉄道は、昭和11年8月1日に国有化されて釜石線となり、順次1067ミリに改軌されていきました。そして昭和25年10月10日、遠野～足ケ瀬間の改軌をもって国鉄最後の762ミリ軌間が消滅しています。また、仙人峠駅もこのときに廃止されています。

昭和48年当時の遠野駅。この駅舎は、全線の改軌が完了した昭和25年に建てられたもので、今でも現役で使用されている

この掛紙（186ページ）の「鈴木商店」がいつから弁当を販売していたのか定かでないものの、価格から昭和初期の岩手軽便鉄道時代のものと思っています。しかし、大正13年12月号と昭和15年10月号の時刻表には弁当販売の印が付いていないので、起源の特定にはさらなる調査が必要です。なお、昭和17年11月号の時刻表には宮守駅とともに弁当販売の印が付いており、昭和24年頃まで「鈴木売店」という名称で、駅構内において弁当や雑貨を販売していたそうです。

掛紙は緑系のインク1色で刷られており、中央に描かれた鍋倉神社（南部神社）は遠野南部氏8代にわたる藩主を祀っています。周囲の花は朝顔のようですが、それとも合併前の「町の花」リンドウでしょうか。

昭和初期

釜石線では、平成26年4月からC58型蒸気機関車が牽引する「SL銀河」が運転されています。4年目の平成29年は、4月29日から土・日曜を中心に運転される予定で、本格的な観光シーズンを迎えます。SL運転開始に合わせて、駅ホームで弁当の立売りも復活しました。かっぱ形の陶製容器に入った「かっぱ弁当」が今期も販売されるそうです。遠野のかっぱ伝説は全国的に有名ですが、「かっぱ弁当」も知れわたってもらいたいと願っています。

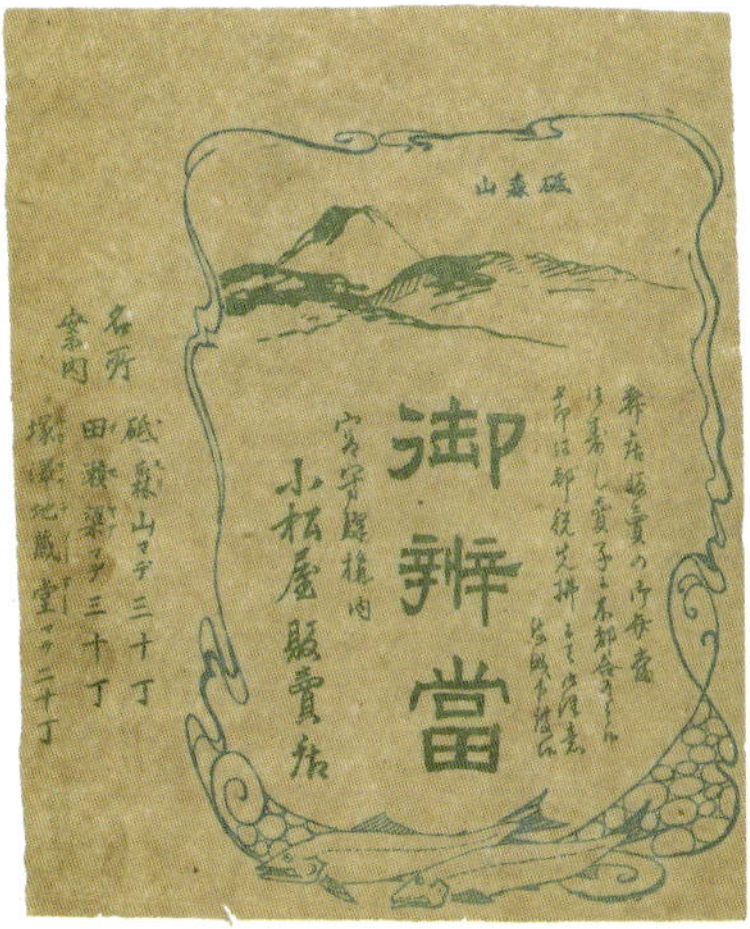

釜石線宮守駅で販売されていた「小松屋」の掛紙。名所案内が尺貫法なので昭和初期のものか。小松屋は近年まで駅前で食堂を営業していたようだ

掛紙に小説『津軽』の世界を描く

末広弁当部【上等御辨當】

このお弁当が販売された五所川原駅は、大正7年（1918年）9月25日、陸奥鉄道として川部駅から同駅までの開通と同時に開業しました。

大正13年10月21日には、同駅から陸奥森田駅まで鉄道省が五所川原線として運輸営業を開始。3年後の昭和2年6月1日、陸奥鉄道が買収されて五所川原線に編入されました。

そして昭和11年7月30日、陸奥岩崎～深浦間が開業して機織《はたおり》（現・東能代）～川部間が全通、五所川原線と能代線から1文字ずつとって五能線と改称しました。

この駅で弁当が販売された時期を時刻表で調べると、昭和8年2月号から駅弁販売の印が付いています。また、戦後間もない昭和21年2月号にも印があるものの、8月号以降はなくなっています。この間の時刻表が欠落しているため確定できませんが、昭和21年に販売が終了されたもの

JR五所川原駅に隣接する津軽鉄道の本社（左）と津軽五所川原駅

と考えます。

掛紙は2色刷で、文字や背景と川面が藍、川の両岸が山吹色のインクを使っています。中央を流れる川は白神山地の雁森岳《がんもりだけ》に源を発する岩木川、橋は太宰治の小説『津軽』に登場する乾橋《いぬいばし》です。架橋は、明治17年11月ですが、掛紙の橋は昭和4年にコンクリート橋に架け替えられた2代目です。現在は、昭和37年に架け替えた3代目となっています。

弁当の販売価格が30銭なので、立売りが開始されて間もない頃の掛紙かもしれません。

五能線は、車窓から眺める海岸線や白神の山々などの景色に恵まれ、乗ってみたいローカル線として全国的に人気を集めています。

移りゆく車窓景観を路線の資源として、観光列車「ノスタルジックビュートレイン」の導入に続いて、

御注意 空折空壜等は腰掛の下へ御置き下さい
上等
御辨當
30錢
五所川原驛
末廣辨當部
電話222番
販賣品又は従業員ニ付御心付の点がありましたら鉄道係員に御申出下さい

昭和初期

「リゾートしらかみ」橅編成の車内で食べた、にぐ・さがな弁当

平成9年4月から「リゾートしらかみ」が登場し、現在は3往復が運転されています。

五能線全線開通80周年に合わせて平成28年7月16日には、新型ハイブリッドシステム車両の「橅《ぶな》」編成もデビューしました。

さっそく私も乗り心地と車窓の風景を楽しんだほか、「青森県・函館デスティネーションキャンペーン」を記念して作られた「懐かしの津軽海峡　にぐ・さがな弁当」も購入しました。掛紙の「マグ女新聞」はファイルにしっかり収まっています。

第7章

函館・室蘭・釧網・宗谷線

青函航路の旅人に供された待合所の駅弁

浅田屋【上等御辦當】

このお弁当が販売された函館桟橋連絡待合所は、明治40年（1907年）10月1日、日本郵船が運航していた青森と函館を結ぶ青函航路に乗船する旅客のため設置されました。その翌年の明治41年3月には、帝国鉄道庁直営の青函航路も開設されて「比羅夫丸《ひらふ》」が就航しています。

ここで弁当を販売していた「浅田屋」は、函館市史によると「明治38年函館駅の開業と共に、旅客のための弁当など飲食物、土産を供する売店を浅田屋が経営した。明治40年10月、桟橋に連絡船待合所が設置されると同時に浅田屋が出店をはじめた」とあります。

また、「大正14年、当局の方針で出店は鉄道退職者に経営させることになり、本駅は石井、桟橋は清水が経営することになった」とあることと、函館の市制施行が大正11年8月なので、この掛紙は、大正11～13年に使用されたものと思われます。実際、大正13年10月には桟橋連絡船待合

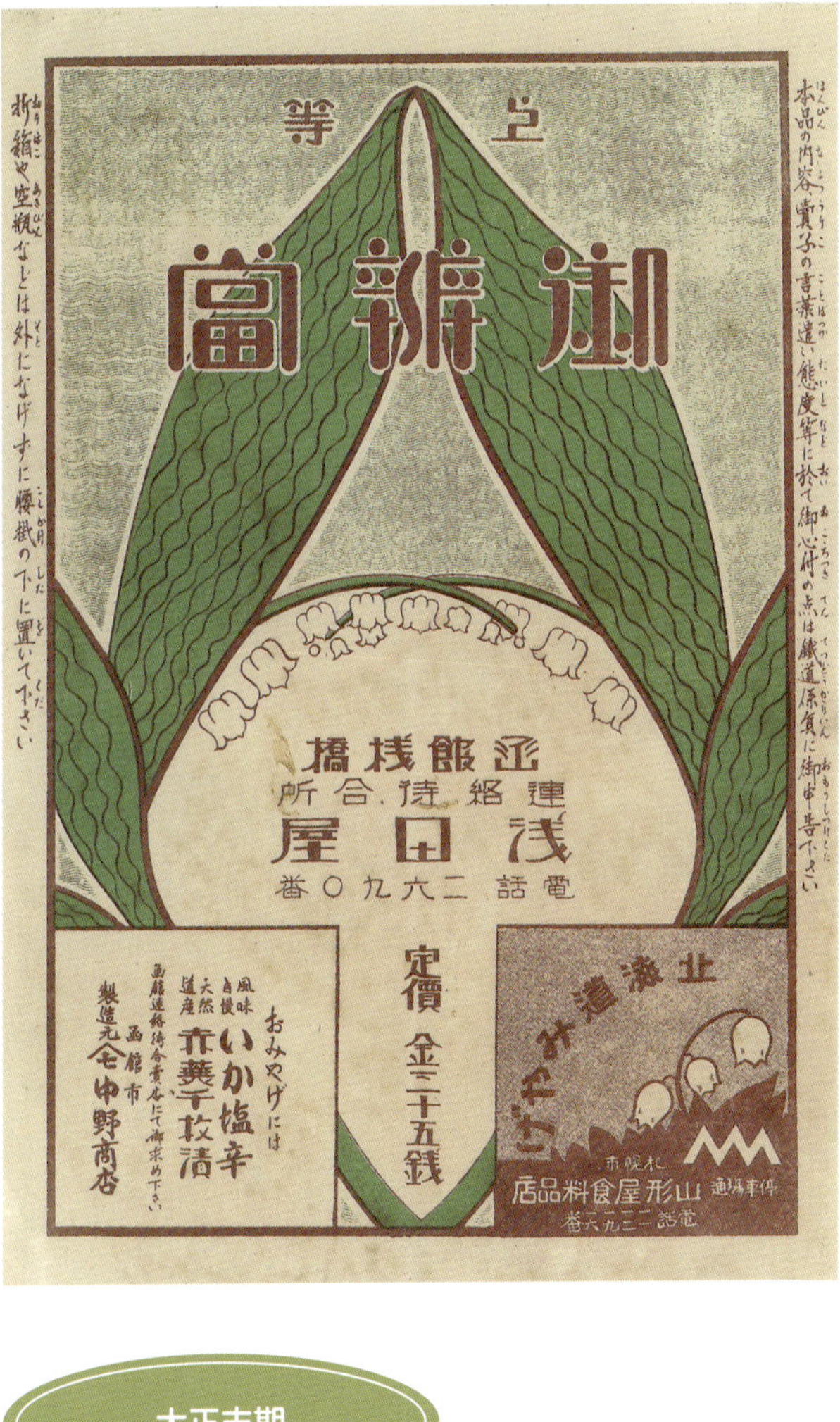
上等
御辨當
函館棧橋
連絡待合所
淺田屋
電話 二六九〇番
定價 金二十五錢
折箱や空瓶などは外になげずに腰掛の下に置いて下さい
本品の内容、賣子の言葉遣い態度等に於て御心付の点は鐵道係員に御申告下さい
おみやげには
風味自慢 いか塩辛
天然道産 粕漬
函館連絡待合売店にて御求め下さい
製造元 函館市 中野商店
北海道
札幌市
停車場通 山形屋食料品店

大正末期

昭和39年当時の函館駅。その先には昭和43年まで存続した函館桟橋駅の施設や青函連絡船が見える。函館駅舎は、昭和17年に落成した4代目駅舎で、現駅舎が完成した平成15年まで使用された

所を改築して函館桟橋駅が開設されています。

そして「昭和9年のダイヤ改正で車船連絡時間が短縮されたので、中継客のため、新聞、雑誌、煙草等を函館出店組合が、ホームでの弁当、鮨などの立ち売りを浅田屋が経営することになった。昭和11年、浅田屋から『みかど』へ、出店組合から鉄道弘済会へと立売業者が変る。浅田屋は昭和7年会社組織となり、昭和11年8月解散した」とあります。

浅田屋のあとを継いだ「みかど」は、平成24年1月に「ジェイ・アールはこだて開発」に事業を譲るまでの76年間、函館駅で弁当を販売していました。

現在は、はこだて開発を吸収合併した「北

海道キヨスク」が弁当を製造販売しています。昭和41年から販売されている「鰊《にしん》みがき弁当」もレシピを引き継ぎ販売されているのは嬉しいかぎりです。

函館駅で販売されている「鰊みがき弁当」

青函航路が開設された当初、連絡船に乗船するには桟橋から艀《はしけ》に乗らなければなりませんでした。気候が良い時期の乗船は爽やかなものでしたが、天候が不順な冬ともなれば、波浪による不安定な艀からの乗船は命がけで海に落ちる乗客もいたそうです。

昭和63年3月13日、青函トンネルが開通し連絡船の使命が終了。それから28年後の平成28年3月26日、北海道新幹線が開業しました。

新函館北斗駅を発車する新幹線のグランクラスで提供される和軽食は、北海道をはじめとする沿線に因んだ献立となっているそうです。早く掛紙と品書きをコレクションに加えたいと思っています。

北海道鉄道時代に始まった森駅の駅弁

阿部旅館【上等御辨當】

このお弁当が販売された森駅は、明治36年（1903年）6月28日、北海道鉄道の本郷（後の渡島《おしま》大野、現・新函館北斗）～森間の終点駅として開業しました。北海道鉄道は、4年後の明治40年7月1日に国有化され、明治42年10月12日の線路名称制定で函館本線となっています。なお、函館本線は大沼～森間で線路が二手に分かれていますが、海岸線を通る通称・砂原《さわら》線は、昭和12年12月25日、渡島海岸鉄道として森～砂原（現・渡島砂原）間が開業したのが始まりです。

駅弁の立売りは、駅の開業後まもなく北海道鉄道の承認を得て「阿部旅館」が開始しています。阿部旅館は現在の「いかめし阿部商店」のことで、今は「いかめし」のみの販売です。なお、旅館業は昭和18年3月に廃業しています。

掛紙には、森駅名所案内「函館戦役榎本武揚上陸地一里十丁」と記されています。森町の観光

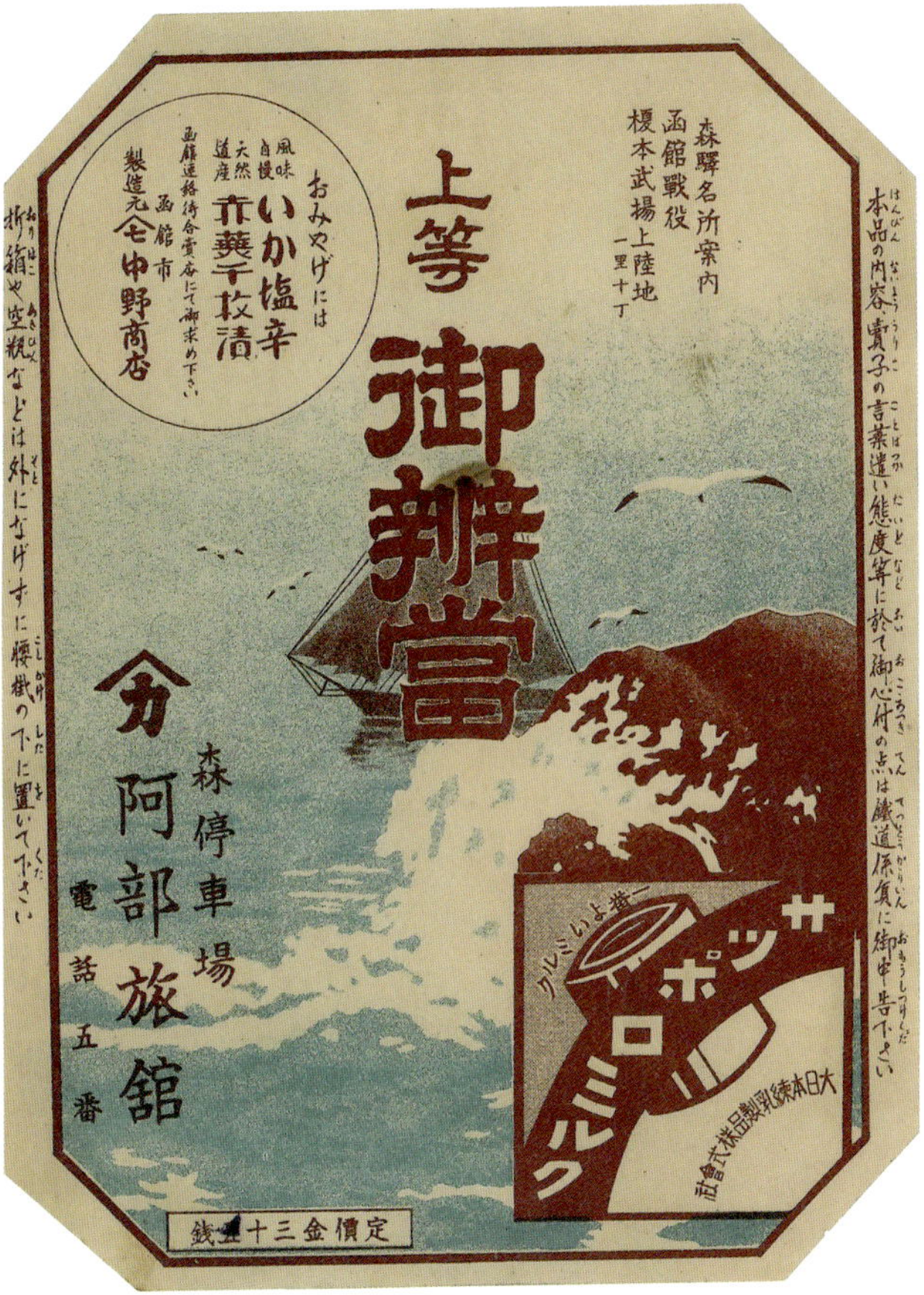
上等
御辨當
森驛名所案内
函館戰役
榎本武揚上陸地
一里十丁
おみやげには
風味自慢　いか塩辛
天然道産　赤蕪千枚漬
函館連絡待合賣店にて御求め下さい
函館市
製造元　中野商店
本品の内容賣子の言葉遣い態度等に於て御心付の点は鐵道係員に御申告下さい
折箱や空瓶などは外になげずに腰掛の下に置いて下さい
阿部旅館
森停車場
電話五番
サッポロミルク
一番よいミルク
大日本練乳製品株式會社
定價金三十 錢

昭和5～6年

ガイドによると、明治元年旧暦10月20日（新暦の12月3日）、徳川家臣・榎本武揚は軍艦8隻にて将士役3000名を率いて鷲ノ木村に上陸、22日に先発隊が官軍の攻撃を受けて応戦したため、土方歳三と大鳥圭介の2隊に分かれて一路、箱館（函館）を目指しました。ここから箱館戦争が始まったとあります。掛紙に描かれている船は、旗艦の「開陽丸」に見えなくもありません。

掛紙に調製印が押されていないため正確な販売年月が分かりませんが、尺貫法で距離が表記されているため、印刷は大正末から昭和初期と推測します。「定価三十五銭」の五を消し30銭で販売していますので、販売されたのは昭和5〜6年でしょう。

森駅といえば「いかめし」と言われるほど全国的に有名です。私がひとり旅で高校2年生の冬休みに森駅で購入した弁当は「いかめし」ではなく「えび天ぷら弁当」でした。これまで「いかめし」は百貨店の催事で食べていたため、食べたことのないお弁当を選んだのです。タレが染み付いた掛紙は今でも大切な思い出として保管していますが、小ぶりのえび天にたれが絡み大変おいしく食べた思いも残っています。できることならもう一度あの駅弁を食べてみたいと思っています。

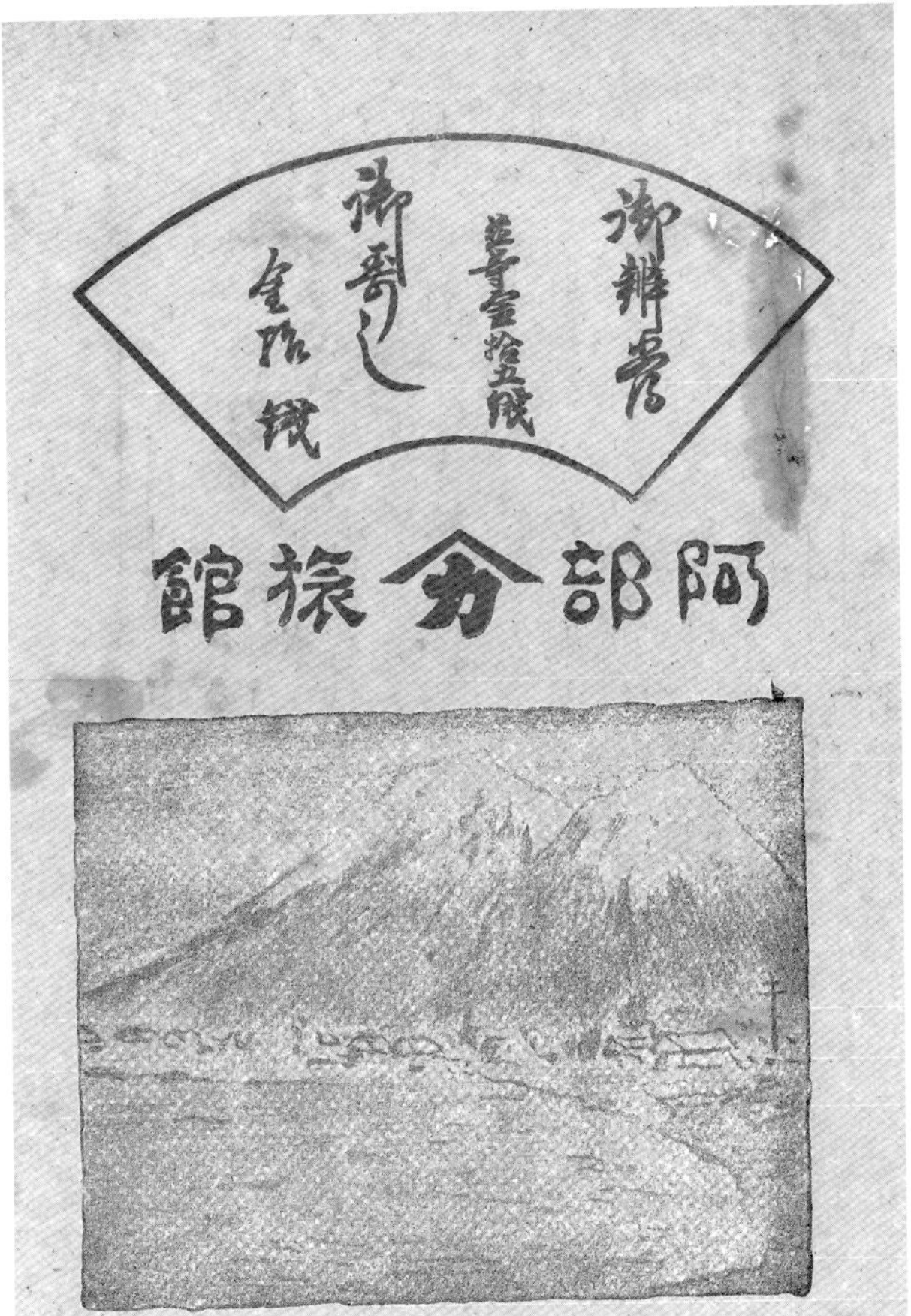

明治30年代後半のものと思われる阿部旅館の掛紙。15銭で販売されていた

開業したての温泉電車の路線図を掛紙に

岩佐待合所【上等御辨當】

このお弁当が販売された虻田《あぶた》駅は、昭和3年（1928年）9月10日、鉄道省長輪線の駅として静狩～伊達紋別《だてもんべつ》間の延伸に伴い開業しました。長輪線は昭和6年4月、室蘭本線となり、虻田駅は昭和37年11月1日、洞爺駅に改称されて現在に至っています。

虻田の由来を『北海道駅名の起源』（国鉄札幌地方営業事務所・昭和25年12月刊）でみると「アイヌ語『アプ・タ・ペッ』の上部を採ったもので、意味は（漁鉤を作った川）と言われているが定かでない」とあり、「ここは元『フレ・ナイ』（赤い谷川）といったが、虻田運上屋（近世のアイヌの人々との交易所）がここに移転して来たため虻田というようになったものである」とも記されています。

掛紙の「岩佐待合所」がいつから弁当の立売りを開始したのか定かでないものの、昭和4年5

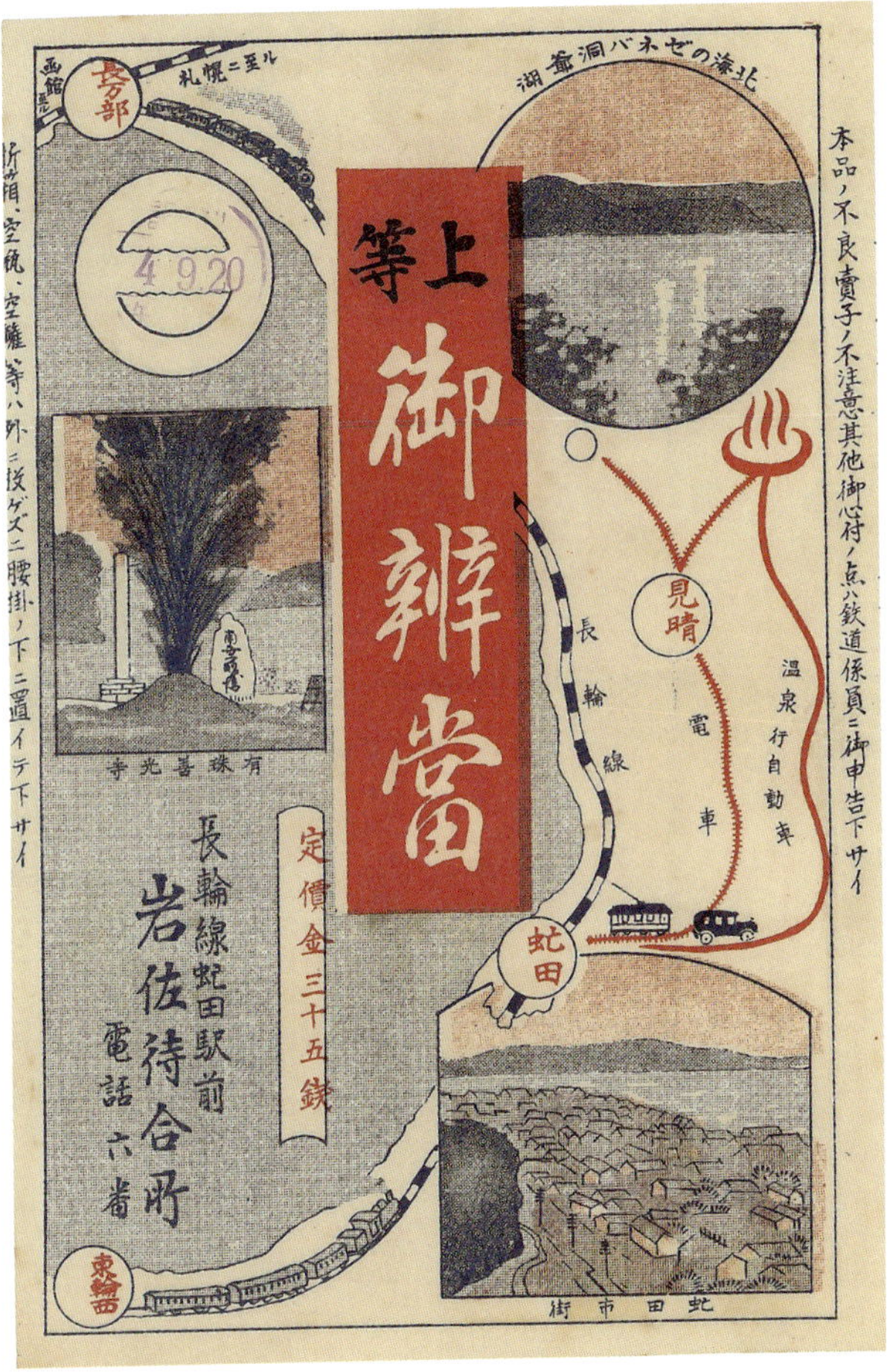
北海のゼネバ洞爺湖
札幌ニ至ル
函館ヘ
長万部
本品ノ不良賣子ノ不注意其他御心付ノ点ハ鉄道係員ニ御申告下サイ
折箱、空瓶、空罐等ハ外ニ投ゲズニ腰掛ノ下ニ置イテ下サイ
4.9.20
上等
御辨當
有珠善光寺
長輪線
電車
温泉行自動車
見晴
虻田
定價金三十五銭
長輪線虻田駅前
岩佐待合所
電話六番
東輪西
虻田市街

昭和４年

月号の時刻表に弁当販売の印があり、2月号にはないことから、同年の春頃に販売を開始したものと考えています。調製印も「4・9・20」となっています。

掛紙には、電車と温泉行自動車の路線図が赤字で記されています。電車とは、洞爺湖電気鉄道のことで昭和4年1月23日に開業しました。見晴駅から右の線路が洞爺湖駅、左は貨物専用の湖畔駅で、洞爺湖温泉の旅客と洞爺鉱山から産出された金鉱石の輸送を行ないましたが、戦時色が濃くなってきた昭和16年5月に廃止されました。

虻田駅では、このほか「大木北星堂」が「鶴の子饅頭」を立売りしていました。饅頭の白い皮は、虻田特産の鶴の子豆の豆乳を加え、中には黄色い餡が入っていました。戦争による中断後、昭和26年に復活しましたが、いつしか消えてしまいました。

洞爺駅では現在、「洞爺駅立売商会」が駅弁を販売し、私も平成27年の夏に「かにめし」と「鮭めし」を食べました。素朴ながら変わらぬおいしさに満足し、趣のあるデザインの掛紙はしっかりコレクションの一枚に加わっています。

大木北星堂の「鶴の子饅頭」。尺貫法の表記から昭和初期のもの

駅前の「待合所」で販売されていた駅弁

青木待合所【上等御辨當】

　このお弁当が販売された弟子屈《てしかが》駅は、昭和4年（1929年）8月15日、鉄道省釧網《せんもう》線の駅として標茶《しべちゃ》駅から延伸開業しました。2年後の昭和6年9月20日、札鶴（現・札弦《さっつる》）〜川湯（現・川湯温泉）間が開業して釧網線が全通。弟子屈駅は平成2年11月20日、摩周駅に改称されて現在に至っています。

　弟子屈の由来を『北海道駅名の起源』（国鉄札幌地方営業事務所・昭和25年12月刊）でみると「テシカ・ガ（岩盤の上）から出たもので、市街を流れる釧路川の一部の河床に岩が多いためこの称《しょう》が生まれた」とあります。

　この駅では戦前、青木留治が駅前に「青木待合所」を開設して弁当の販売を開始しましたが、その起源は定かではありません。

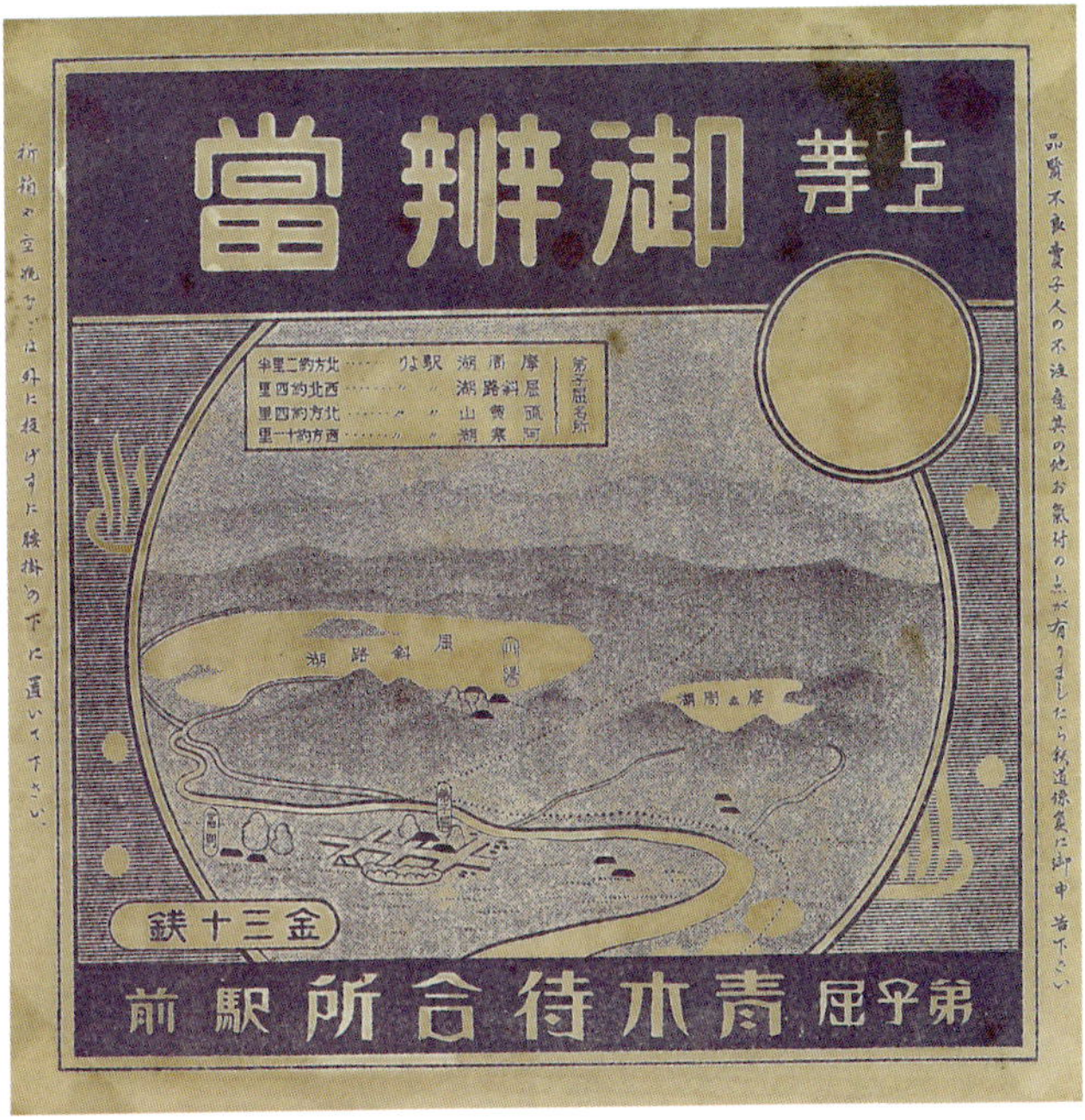
上等
御辨當
弟子屈名所
摩周湖　駅より　北方約二里半
屈斜路湖　〃　〃　西北約四里
硫黄山　〃　〃　北方約四里
阿寒湖　〃　〃　西方約十一里
屈斜路湖
摩周湖
金三十銭
弟子屈
青木待合所
駅前
折箱や空瓶などは外に投げずに腰掛の下に置いて下さい。
品質不良賣子人の不注意其の他お氣付の点が有りましたら鉄道係員に御申出下さい

昭和8～10年

昭和47年当時の弟子屈駅。この駅舎は昭和9年に改築されたもので、平成2年11月の駅名改称時に現駅舎に改築されている

時刻表によると、昭和8年2月号に弁当販売の印が付いていますが、昭和7年6月号にはありません。この間の時刻表が欠落しているため特定できませんが、昭和7年頃に弁当の販売が開始されたものと考えています。

ただ、『弟子屈町商工会の歩み』（弟子屈商工会編・昭和56年発行）には、「合名会社青木商会が昭和11年駅前で開業」となっています。

待合所は2階建で、当時の駅前にある建物のなかでは大きなものでした。1階は食堂、2階は広間があり結婚式も挙げられていたほか、宿泊も受け入れていたそうです。待合所の名のとおり、列車を待つ乗客には湯茶を提供していました。

この掛紙が使用されていた年代は、販売価格

これも昭和10年代と思われる青木待合所の「上等御辨當」

の30銭と弟子屈名所の距離が尺貫法で表記されていることから、昭和8年から10年頃のものと思われます。

　掛紙には、弟子屈、川湯の地名のほかに「當別《とうべつ》」が記されています。ここは、留治の先代が富山から北海道に渡り旅館を営んでいた地だそうです。

　平成と年号が変わる前に消えていった弟子屈駅の弁当ですが、何回か釧網線に乗っていたのに名物の「しいたけ弁当」を食べなかったのは悔やまれます。

駅からの徒歩ルートを記した珍しい掛紙

木谷待合所【上等御辨當】

このお弁当が販売された稚内桟橋駅は、昭和13年（１９３８年）、稚内港《みなと》駅（現・稚内駅）からさらに北へ線路を延ばした防波堤桟橋内に設けられました。

稚内桟橋駅の開業は昭和13年10月１日ですが、この掛紙はそれ以前のものと考えています。掛紙に描かれた稚内港の地図には、停車場から桟橋まで線路はなく、徒歩ルートの点線が「待合」まで続いており、桟橋駅の記載もありません。価格も35銭なので昭和初期のものと思っています。

ここから樺太（現・サハリン）まで定期航路があり、大泊までの稚泊《ちはく》連絡船が鉄道省、本斗への稚斗連絡船は北日本汽船で運航されていました。

「木谷待合所」がいつからお弁当を販売したのか定かではないものの、鉄道連絡船の稚泊航路が大正12年５月、翌年には稚斗航路と連絡船待合所が開設され、昭和３年12月26日には稚内港駅

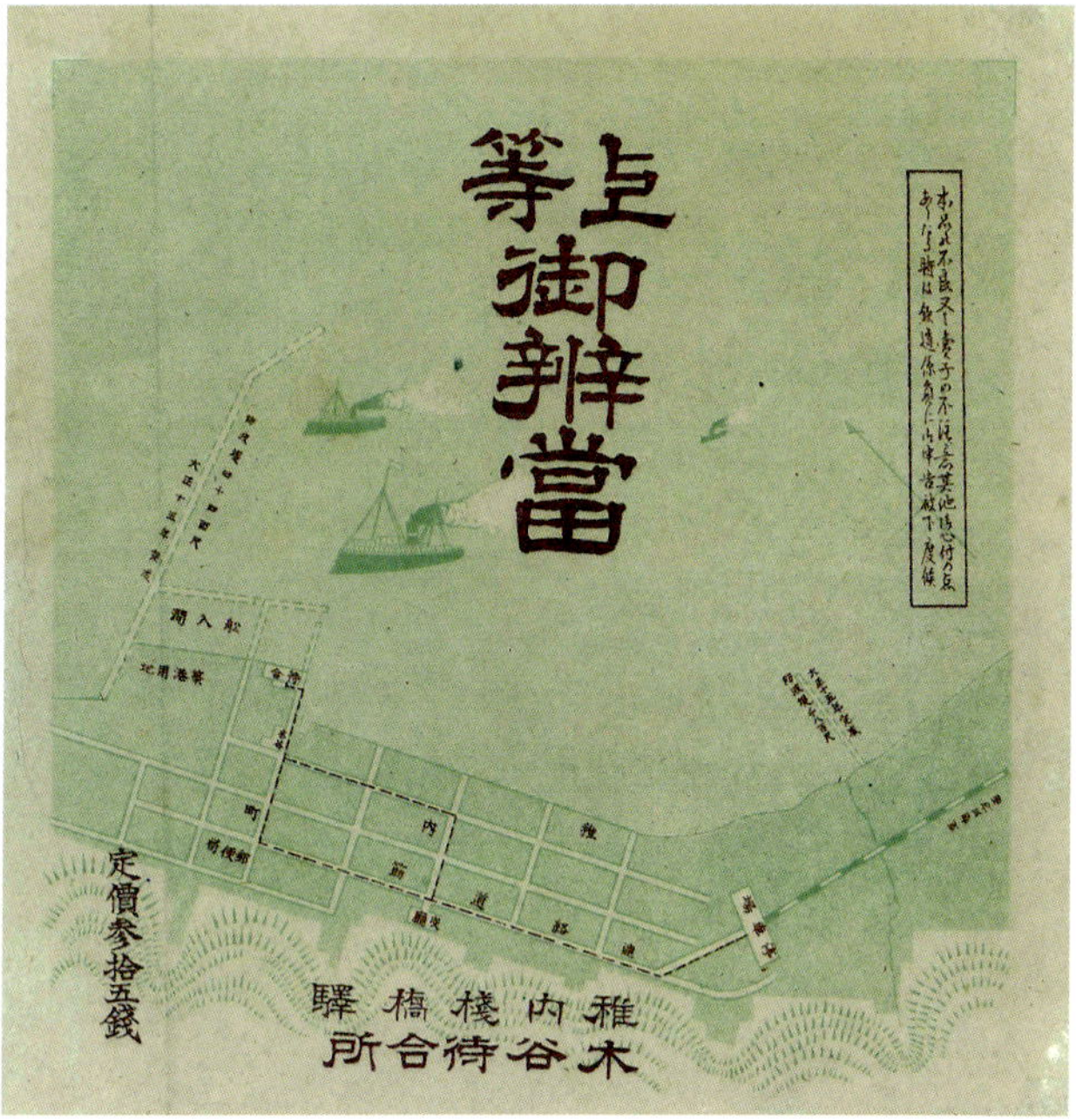

昭和初期

昭和33年当時の稚内駅。当時の駅舎は、昭和13年に駅舎を海側から市街地側に移設したときに建てられたもので、昭和40年10月に3代目駅舎が完成するまで使用された。なお、4代目となる現駅舎は平成23年4月にオープンしている

も開業していることからみて、同駅の開業時には弁当が売られていたものと思われます。

　昭和5年10月号の時刻表によると、函館駅（12時30分発）から稚内港駅（翌朝6時32分着）まで直通急行列車が1往復運転され、稚泊連絡船に接続しています。連絡船は「壱岐《いき》丸」と「亜庭《あにわ》丸」が就航しており、稚内港を8時45分に出航して大泊港へ16時45分に到着するダイヤでした。

　宗谷海峡の冬は想像を絶するものがあり、本格的な砕氷設備を備えていた亜庭丸でさえ難航を強いられていたそうです。

稚内桟橋駅の開設から7年後の昭和20年8月24日早朝に入港した「宗谷丸」を最後に、稚泊航路は事実上休止されて桟橋駅も役目を終えました。そこには現在も「北防波堤ドーム」が樺太航路時代と変わらぬ姿で静かに佇んでいます。

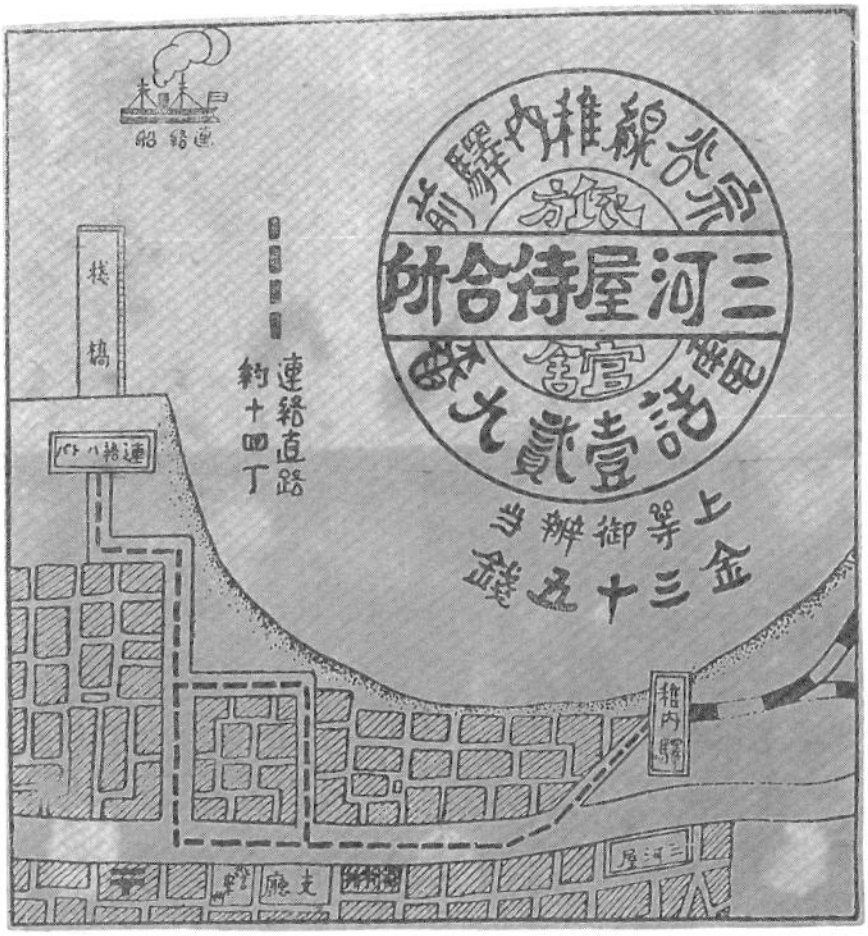

「三河屋待合所」の「上等御辨當」。地図には稚内駅の前に「三河屋」が記されている

木谷待合所の「上等御辨當」。こちらは昭和10年頃の稚内港駅のもの

コラム③ ―稚泊連絡船に乗って樺太へ

戦火をのがれ歴史を伝える一枚の掛紙

大泊駅「朝日館」の「御弁當」

このお弁当が販売された大泊駅は、明治41年（1908年）6月1日に開業した元樺太鉄道庁の駅です（昭和2年11月に鉄道教育会から発行された『鉄道停車場一覧』による）。

大泊は樺太の表玄関ともいうべき港が亜庭湾に面してあり、鉄道連絡航路の稚泊連絡船が運航されていました。昭和2年の人口は2万4696人と樺太最大の町でした。

当時の大泊を『日本地理大系』（昭和5年2月・改造社刊）によって振り返ってみると、大正11年以降、樺太西海岸の鰊が著しく不漁となり、これまで第2位だった亜庭湾の鰊漁が盛況を示し、鰊漁の中心が大泊沿岸地方へ移っています。また、昭和2年の統計によると養狐《ようこ》の数は725頭で、その3分の2が大泊地方にあると記されています。養狐とは毛皮を目的とした狐の飼育のことで、当時の樺太では養狐が各地で盛んに行なわれていました。

稚内港から大泊までは90海里、約8時間の船旅です。夏季は毎日1往復の運航でしたが、冬季は港が凍るため連絡船の運航もままならなく、時には氷に閉じ込められ難航を強いられた、という記録が残っています。

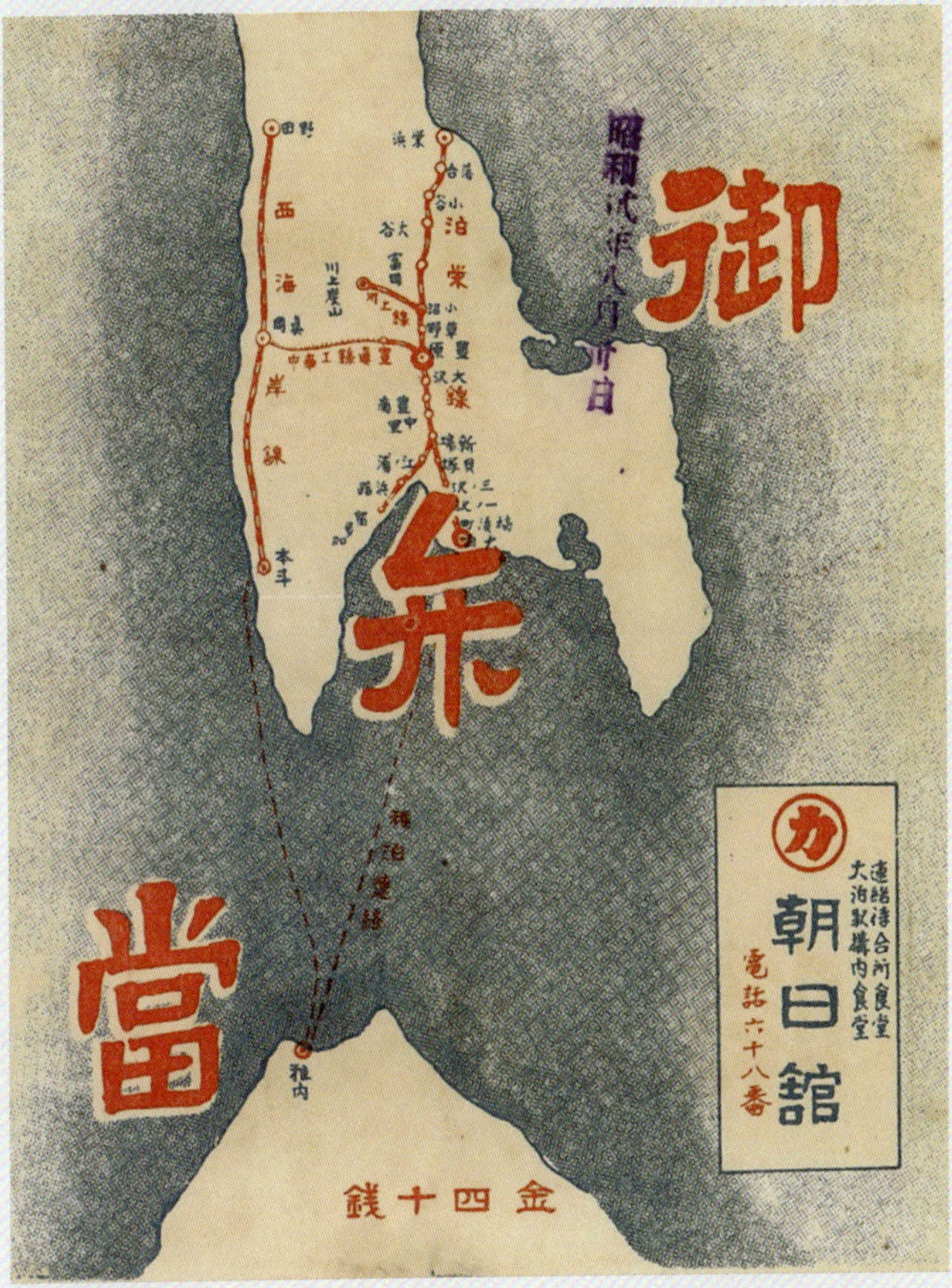
御弁當
昭和弐年八月
日
野田
西海岸線
真岡
本斗
栄浜
落合
小谷
大谷
泊栄線
川上線
豊真線工事中
豊原
大沢
大泊
稚泊連絡
稚内
連絡待合所食堂
大泊駅構内食堂
朝日館
電話六十八番
金四十銭

昭和２年

大泊港で荷役中の「亜庭丸」。同船は昭和2年に新造された砕氷船だった。『日本国有鉄道百年写真史』より転載

このお弁当は昭和2年8月30日に販売されていますので、船旅には絶好の季節だと思われますが、桟橋から大泊駅までは徒歩連絡のため、重い荷物を持ちながらの乗換えは大変だったに違いありません。しかし、翌昭和3年12月に大泊駅から新桟橋が完成し、大泊港駅も開設されて連絡船との乗換えは大変便利になりました。

戦後70年以上が過ぎ、樺太で駅弁が販売されていたこと自体も忘れ去られようとしていますが、戦火をのがれて今日まで残った一枚の掛紙が、しっかりと歴史を伝えてくれています。

駅弁掛紙コレクション

掛紙に描かれた列車たち

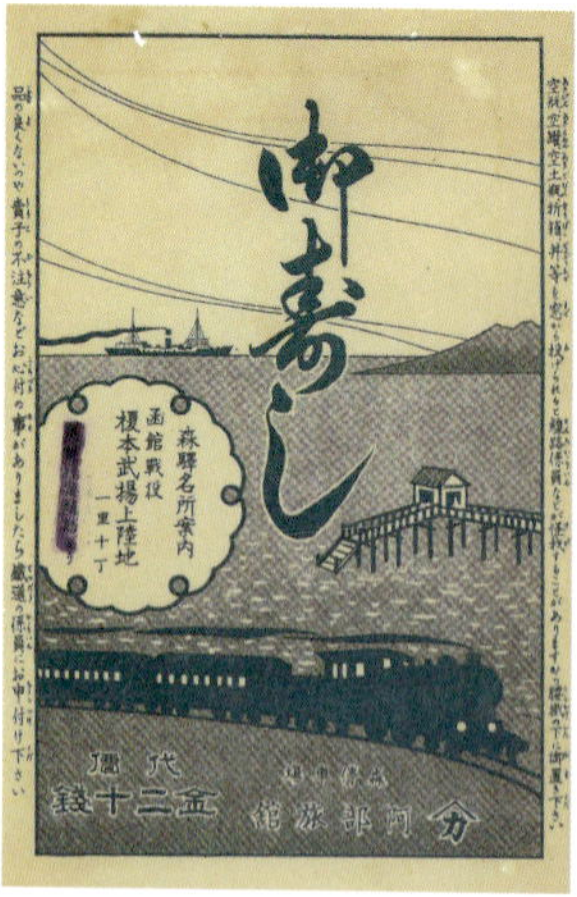

森停車場「阿部旅館」の「御寿し」20銭。大正から昭和初期のもの

滝川駅「ゑびすや」の「味噌汁弁當」。定価35銭から5銭値下げしている。昭和5年1月20日

岩見沢駅「冨久屋」の「上等御弁当」。力強いSLのイラストが印象的。地図には炭鉱を結ぶ路線が多く記載されている

旭川駅「丸一待合所」の「上等御辨當」。林の中を抜ける汽車の絵がかわいらしい。大正15年6月15日

樺太鉄道知取駅「やまもと」の「御弁當」35銭。山火注意のスタンプが印象的

新庄駅「新庄ホテル」の「御弁当」20銭。昭和初期と思われるも特定不能

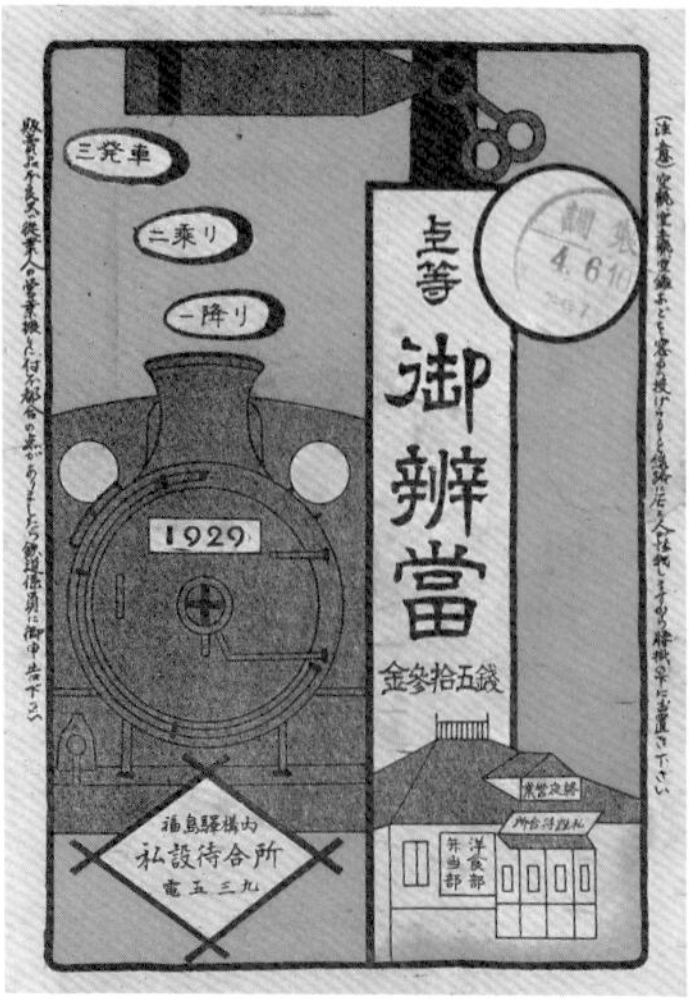

福島駅「私設待合所」の「上等御辨當」35銭。昭和4年6月10日。私設待合所は後に「伊東弁当部」となった

函館桟橋連絡待合所「みかど」の「上等御辨當」30銭。青函連絡船から出てきたのは石炭を運ぶホッパー車か

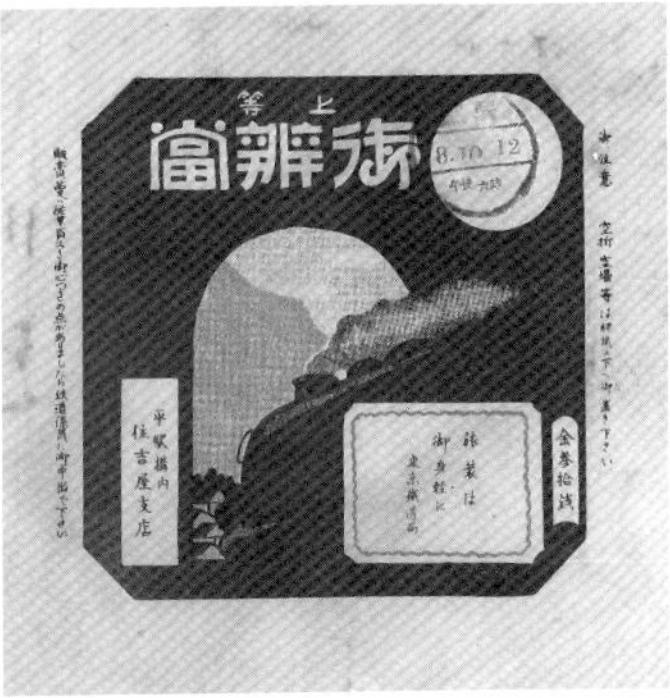

平（現・いわき）駅「住吉屋」の「上等御辨當」30銭。昭和8年10月12日。トンネルを抜けるSL

高崎駅「天来庵矢島」の「上等御辨當」30銭。昭和10年代、当時、流行の流線形をしたSLはC55形と思われる

大宮駅「三立軒」の「上等御辨當」30銭。昭和12年11月25日。当時のものとして電車が描かれているのは珍しい。ちなみに、京浜東北線の赤羽〜大宮間が延伸開業したのは昭和７年９月だった

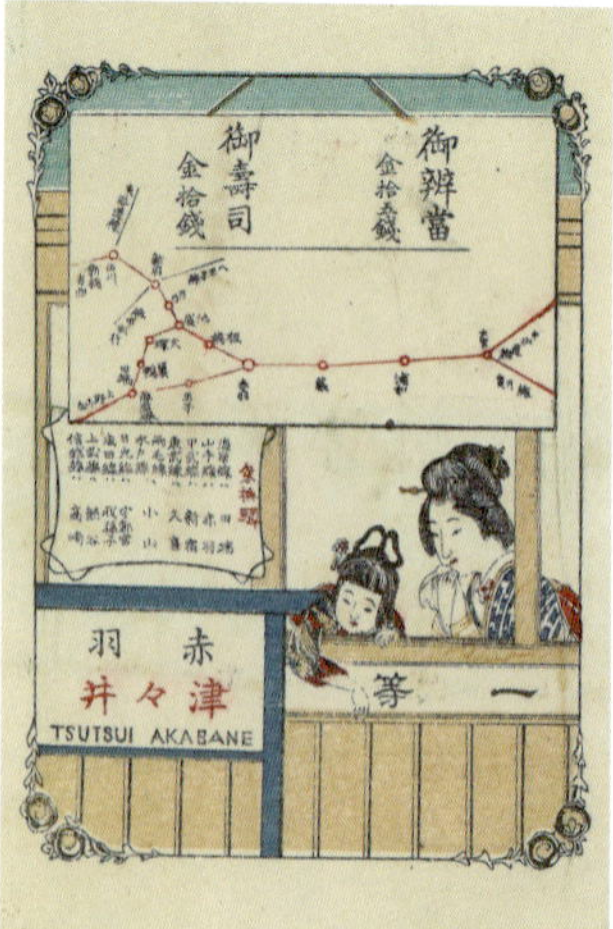

赤羽駅「津々井」の「御辨當」15銭。明治30年代、多色刷りの版画で日本髪を結った女性が時代を感じさせる

国府津駅「東華軒」の「サンドウヰチ」30銭。昭和7年2月27日。ホームでの立売りの様子を感じさせるイラストが微笑ましい

八王子駅「玉川亭」の「御寿司」20銭。昭和初期、列車が浅川を渡る。浅川で獲れた「鮎寿司」も名物だった

友部駅「山口」の「上等辨當」30銭。昭和10年前後。山口は明治37～38年頃に創業した

新津駅「神尾」の「御辨當」20銭。昭和6年8月4日。列車の後ろには石油を採取する櫓が描かれている

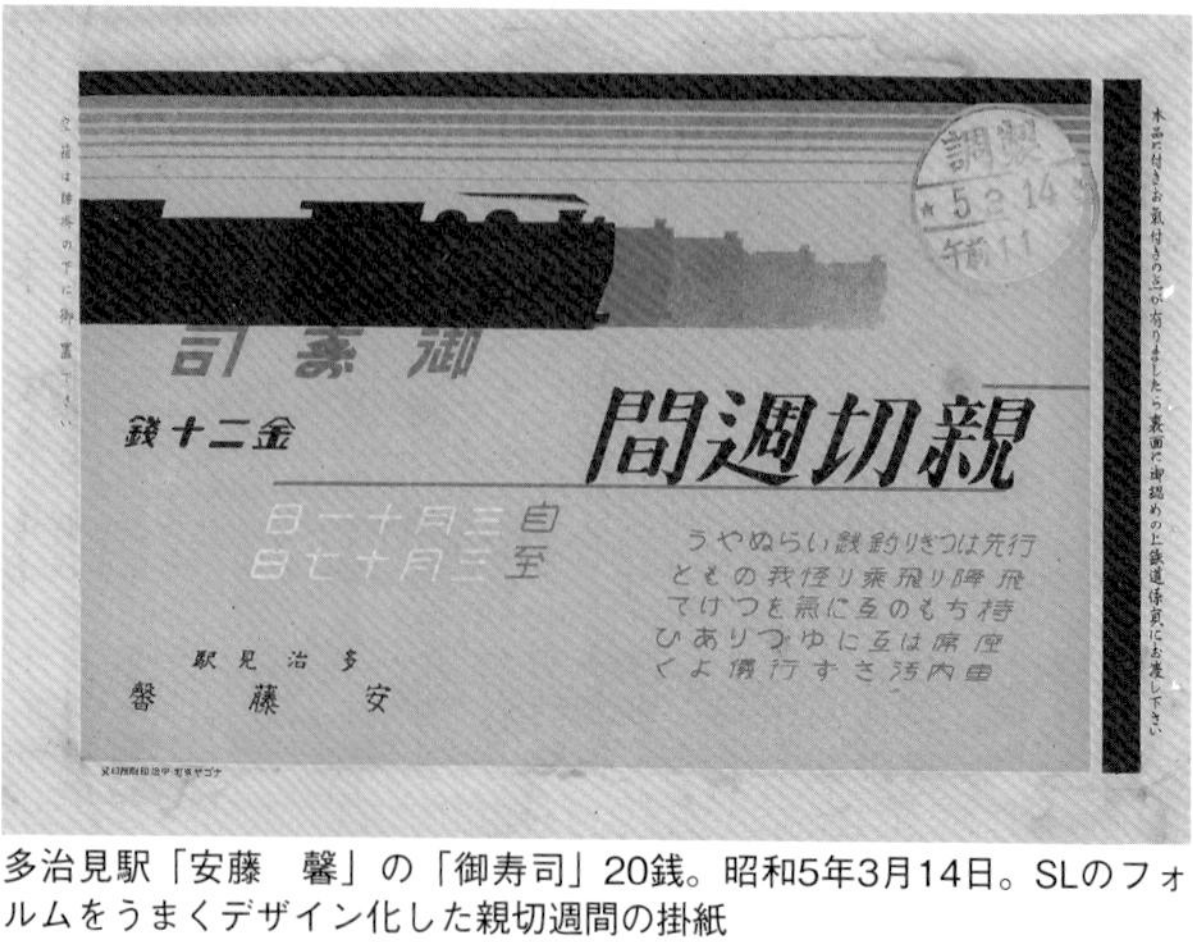

多治見駅「安藤　馨」の「御寿司」20銭。昭和5年3月14日。SLのフォルムをうまくデザイン化した親切週間の掛紙

直江津駅「荻堅」の「御辨當」30銭。停止価格を示す㊕が。昭和16〜17年頃

福井駅「番匠本店」の「上等御辨當」35銭。大正時代、ダブルルーフの客車を従えたSLの先頭部分にはカウキャッチャーのようなものがあり、アメリカンスタイルに見える

四日市駅「湊寿司　丹羽すへ」の「御壽司」20銭。年代不明。おもちゃのようなSL列車が微笑ましい

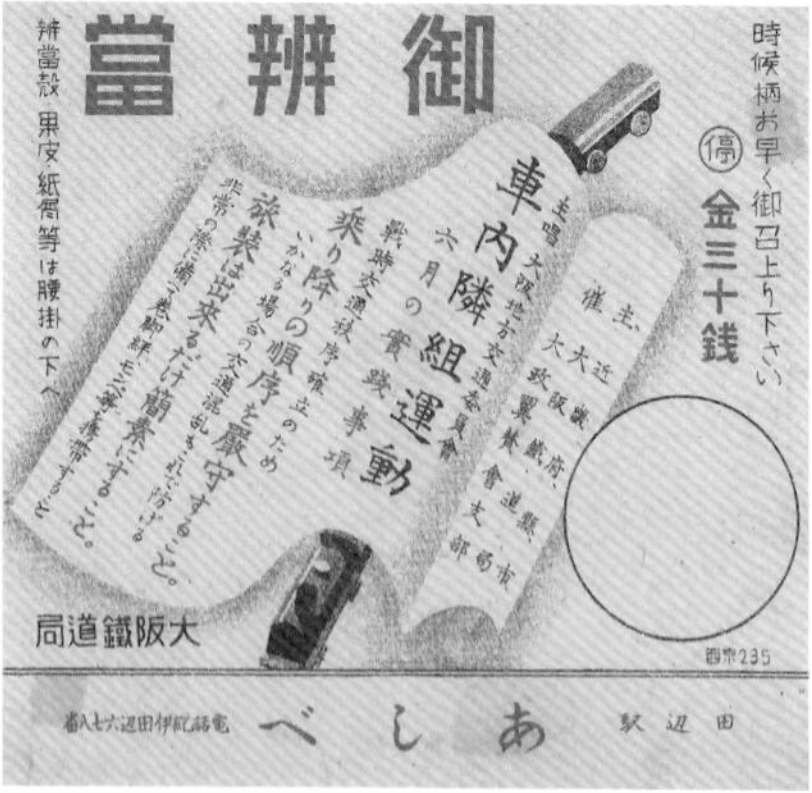

紀伊田辺駅「あしべ」の「御辨當」30銭。停止価格をしめす㊁が昭和17～18年頃、戦時色が濃くなった文言が並ぶ

折尾駅「真養亭」の「御壽司」20銭。年代不明。ＳＬの正面に調製印が押せるデザインとなっている

米原駅「加藤利恵」の「洋食御弁當」50銭。年代不明。車窓から見る琵琶湖には船が浮かび、車内で琵琶を弾いている。英語表記がモダンだ

神戸駅「みかど和食部」の「上等御辨當」35銭。昭和初期、港町神戸らしく大型客船のイラストと、かわいらしいタンク機関車と客車

徳山駅「松政」の「上等御辨當」30銭。昭和８年12月16日。海軍燃料廠の油タンクが並ぶ

八代駅「水洗辨當店」の「御辨當」30銭。年代不明。煙をたなびかせながら橋梁の上を走る列車にスピード感が

朝鮮鉄道新幕駅（現在は北朝鮮）「甲陽舘」の「御辨當」40銭。雉子好猟地とあるように雉と牛のイラストが

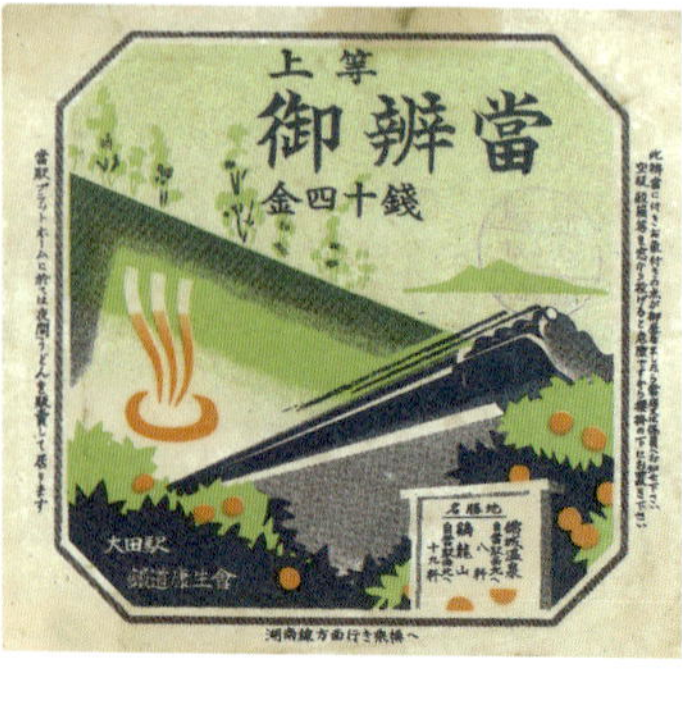

朝鮮鉄道大田駅（現在は韓国）「鉄道康生会」の「上等御辨當」40銭。昭和18年４月。同駅の掛紙にはこのようなＳＬ列車のデザインが多く使われている

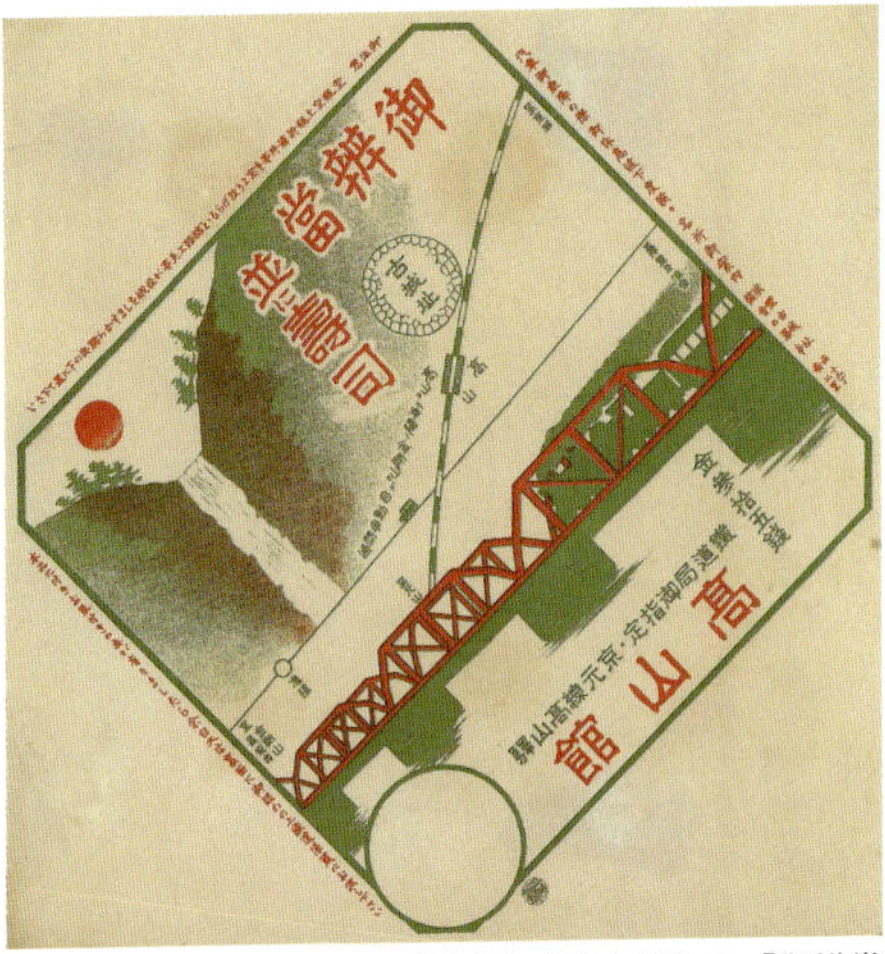

朝鮮鉄道高山駅（現在は北朝鮮）「高山館」の「御辨當並に壽司」35銭。名所の案内もさり気なくされている

台湾・八堵駅「大丸家」の「御弁當」40銭。要塞司令部に許可を取ってイラストにしている

おわりに

「交通新聞」に連載をしているコラム「掛紙停車」が50回を超えたのを区切りとして、掛紙などの資料を追加して本にすることができました。新聞に掲載された掛紙は黒インク1色のため、文字やデザインなどのイメージを把握することはできましたが、「交通新聞新書」ではカラーページを生かして新聞で掲載された掛紙すべてをカラーで紹介しています。掛紙全体の色調や雰囲気を確認することができますので、戦前の駅弁資料として活用できるものと思っています。

新聞の連載は、できる限り戦前の掛紙を紹介するように努めました。戦火をのがれて今日まで保管され続けていた掛紙は貴重な資料となっています。今は既に見ることができない建て替えられる前の社寺が描かれていたり、路線図も駅名がかなり改称されていたり、一枚の掛紙を詳しく調べてみると意外な発見があったのには驚きました。

明治時代の時刻表にはすでに駅弁販売駅に印が付いています。それを見ればどの駅で弁当が販売されていたのか分かりますが、調製元の名前までは分かりません。ところが、掛紙には調製元の名が必ず記されていますので、何という製造者だったのかがひと目で分かります。これらを手掛かりに駅弁が販売された駅と調製元のリストを作るべく準備を進めています。これからも、各地で保管されている掛紙を調査して、多くの調製元をリストに加えたいと思っています。

現在の駅弁では考えられませんが、所蔵する比較的多くの掛紙に製造年月日を示す調製印がありません。掛紙の年代を特定することも資料として大切なことと考えていますので、記載されている文言やデザイン、紙質などを手掛かりに時代の特定を進めています。それでも、手掛かりがまったくつかめないものもありますので、炭素を調べれば時代が分かる測定器のように、紙をかざせば年代がすぐに分かる器具があれば良いのにと思っています。また、調製印はあるものの年月日しか押されていないため、大正か昭和かの判断に迷うこともたびたびありましたが、掛紙に残された手掛かりで年代の特定ができるようになってきました。こんな作業も掛紙収集の面白さかもしれません。

近年、古書店もネットオークションに掛紙が出品されるようになり、稀に今まで見たこともない駅の掛紙が出ることがありますので、こまめにチェックをしています。たとえ落札できなくても、掛紙に書かれているデータは貴重な資料となるため記録しています。

今回の出版にあたり、交通新聞サービス社の邑口亨氏をはじめ多くの方々にご尽力いただきました。ことに誌面を借りて御礼を申し上げるとともに、現在も交通新聞で連載しています「掛紙停車」をまたカラーで紹介することができればと願っています。

泉　和夫

泉　和夫（いずみ　かずお）
昭和31年東京生まれ。昭和50年国鉄入社後、広報関係の業務に携わり、平成28年1月JR東日本を定年退職。現在は（株）日本レストランエンタプライズで広報を担当。中学時代から駅弁掛紙の収集を始め、明治時代以降、戦時中の樺太や満州、台湾のものを含め所蔵総数は1万枚を超える。

交通新聞社新書109
駅弁掛紙の旅
掛紙から読む明治～昭和の駅と町
（定価はカバーに表示してあります）

2017年4月15日　第1刷発行

著　者――泉　和夫
発行人――江頭　誠
発行所――株式会社　交通新聞社
http://www.kotsu.co.jp/
〒101-0062　東京都千代田区神田駿河台2-3-11
NBF御茶ノ水ビル
電話　東京（03）6831-6550（編集部）
東京（03）6831-6622（販売部）

印刷・製本―大日本印刷株式会社

ISBN978-4-330-77317-9